BIBLIOTHEQUE　DAIGAKUSYORIN

Jules Verne

M. RÉ-DIÈZE ET MLLE MI-BÉMOL

ジュール・ヴェルヌ

レのシャープ君とミのフラットさん

新島進訳注

LIBRAIRIE　DAIGAKUSYORIN

はしがき

　本書はジュール・ヴェルヌ（1828-1905）の短篇「レのシャープ君とミのフラットさん」（*M. Ré-Dièze et Mlle Mi-Bémol*）の全訳にして本邦初訳となります。語学文庫の一冊ということでページ左に原文を配し、フランス語学習者の読解力向上に役立つよう詳細な註をつけました。

　ヴェルヌといえば『海底二万里』などの冒険科学小説で知られますが、いわゆる〈驚異の旅〉シリーズ約80編には科学も冒険もない作品が少なからず含まれます。幻想短篇に分類されるであろう本作もそんな一編であり、1893年、「フィガロ・イリュストレ」という新聞のクリスマス号に初出されました。なおお一人称で書かれた作品はヴェルヌでは少数に属します。

　舞台はスイスの架空の村。語り手のヨーセフと、彼が思いを寄せる少女ベッティはともに小学校の聖歌隊に属しています。しかし教会のオルガン弾きが老齢のため聴覚を失うと、村から音楽が消えることに。そこに現われたのが、怪しい風体のオルガン職人エッファラーネでした。このよそ者は、来たるクリスマスのミサでオルガンの演奏を引き受けるばかりか、教会のパイプオルガンに、独自に発明した音栓、「幼子の音栓」なる装置を組

—i—

はしがき

みこむと息巻くのですが……。さらに、この不思議なタイトル——レのシャープとミのフラットは鍵盤上の同じキーですね——はなにを意味するのでしょう？ 訳者は本作を、ヴェルヌの知られざる傑作であると信じてやみません。

音楽というモチーフは、ＳＦ文学の祖という作家のイメージとは結びつかないかもしれませんが、ヴェルヌ作品において音楽はしばしば重要な役割を果たします。作家の友人には、同郷のアリスティッド・イニャールほか音楽家が多く、その影響も大きかったことでしょう。『海底二万里』の読者は、ネモ船長がノーチラス号の船室でオルガンを弾く印象的な場面を覚えているはずです。あるいは『緑の光線』、『スクリュー島』、『空中の村』などは音楽やオルガン抜きでは語れず、とりわけ『カルパチアの城』は、人工的な声、さらにドイツの作家ホフマンからの影響という点でも本作と深く関係しています。ちなみにホフマン原作で、チャイコフスキーのバレエで有名な「くるみ割り人形とネズミの王」も比較すべき作品でしょう。

そして、パイプオルガンをもっとも古い機械装置のひとつとするなら、幻想と機械という主題から、ヴェルヌ若き日の短篇「ザカリウス師」が思い出されるほか、ミシェル・カルージュが提唱した〈独身者機械〉作品として本作を読み解くこともできます。実際、音楽や機械と

はしがき

並ぶ本作の主題は、少年の性へのめざめでしょう。失楽園を喚起する「りんご」や「蛇」が実に巧みに作品に組みこまれていることに読者は気づかれたはずです。

以下、脚注を補う形でいくつかの事項を説明しておきましょう。パイプオルガンの「音栓」とは、英語では「ストップ」と呼称され、スライダーと連動して各パイプ列への送風を——栓の開閉によって——律し、音色を変えるための装置です。音色や、パイプ列自体のことも指します。本書にもあるとおり、音の類似から「フルート」や「ブルドン」などさまざまな音栓があり、なかには「人の声」という音栓も存在します。

その呼称と並び、作中で言及される「猫オルガン」を本作の着想源とする研究者もいます。これは 16, 17 世紀頃からキルヒャーなどによって語られてきた想像上の楽器です。さまざまな文献をもとに小説を構成することはヴェルヌが得意とする手法ですが、私の調査では、ヴェルヌはおそらく科学啓蒙雑誌「ラ・ナチュール」に掲載された同楽器についての記事を参照しています。また、オルガン職人と教会が列挙される場面——羅列への偏愛もヴェルヌの特質のひとつ——については、『19 世紀ラルース大百科事典』のパイプオルガンの項目が引用元と思われます。詳しくは拙論「猫オルガンとはなにか？——ヴェルヌ『レのシャープ君とミのフラットさん』、ルーセル作品を通して」(「慶應義塾大学日吉紀要フラン

はしがき

ス語フランス文学」60号、2015年、ならびに62号、2016年）をご参照ください。

　また、これもヴェルヌにおなじみですが、架空の固有名詞が言葉遊びになっていることが多くの識者によって指摘されています。たとえばカルフェルマット、エッファラーネ、エグリサックにはそれぞれ、フェルマータや隙間ふさぎ（fermata, calfeutrer. 前者がフランス語でpoint d'orgue であるのは偶然か？）、恐怖（effrayant）、教会（église）などの意がこめられているでしょう。

　本書の底本について記しておきます。本作には大きく３つのヴァージョンが存在します。初出は冒頭で記した1893年の新聞掲載版で、字数制限のためか、ヴェルヌは草稿から数箇所を削除しています。またイラストも本書のものとは異なります。続いて1910年、作品は、作家没後に編まれた短篇集『昨日と明日』に再録されます。このヴァージョンは、ヴェルヌの息子ミシェルが──おそらく新聞掲載版を参照せず──父の草稿を引き写し、いくつかの修正を加えたものです。そして2000年にはヴェルヌ父の草稿を忠実に再現した版が刊行されました。訳者はこれらを綿密につき合わせて検討した結果、本書では、もっとも世に流布している『昨日と明日』版を底本とし、同版のイラスト（ジョルジュ・ルー作）をすべて掲載、そのうえでミシェルによる明らかな転記ミスを修正するという方針をとりました。ただし訳者の

はしがき

介入は最小限に留め、たとえば本書の原文において会話の《》が閉じていない箇所などは『昨日と明日』版をそのまま踏襲しています。いずれにせよ各版の異同は些細なもので、読書の印象を変えるようなものではありません。

　登場人物名については、作品の舞台に鑑み、ドイツ語の方言に造型の深い慶應義塾大学教授、境一三先生に教えを請い、フランス語読みとは異なる表記を採用しました。もっとも先に記したとおり、造語による人名も多いため、ひとつの演出と考えていただけましたらさいわいです。パイプオルガンについてはフランス在住のオルガン奏者、青木早希さんよりたいへん有益なご教示を受けました。お二人に深く感謝申しあげます。ただし訳文の責任が訳者にあることは言うまでもありません。最後に、超人的な忍耐で原稿を待ってくださった、大学書林の佐藤政人さん、佐藤歩武さん、本当にありがとうございました。

2017 年 2 月 12 日　水道にて　訳者識

M. RÉ-DIÈZE
ET
MLLE MI-BÉMOL

I

Nous étions une trentaine d[1]'enfants à l'école de Kalfermatt[2], une vingtaine de garçons entre six et douze ans, une dizaine de filles entre quatre et neuf ans. Si vous désirez savoir où se trouve[3] exactement cette bourgade, c'est, d'après ma Géographie[4] (p. 47), dans un des cantons catholiques[5] de la Suisse, pas loin du lac de Constance[6], au pied des montagnes de l'Appenzell[7].

« Eh ! donc, vous là-bas, Joseph Müller ?

— Monsieur Valrügis ?.. répondis-je[8].

— Qu'est-ce que vous écrivez pendant que je fais la leçon d'histoire ?

— Je prends des notes, Monsieur.

— Bien. »

略号：m. 男性名詞、f. 女性名詞、pl. 複数形。1) **une tren-taine de ...**：「およそ30の〜」。直後の une vingtaine (di-zaine) de ... は「およそ20（10）の〜」の意。2) **Kalfer-matt**：「カルフェルマット」。架空の地名。3) **... se trouve (à ...)**：「〜が（〜に）ある／位置している」。間接疑問では主語と動詞の倒置はおこなわない。ここでは語調を整えるため cette bourgade と se trouve が単純倒置している。4) **ma Géographie**：「私の地理の本」。5) **les cantons catholiques**：

1

　カルフェルマットの学校には私たち 30 人ほどの子ど
もが通っていてね。6 歳から 12 歳までの男の子が 20 人
ほど、4 歳から 9 歳までの女の子が 10 人ほどいた。こ
の小村の正確な場所を知りたいのなら、それは私の地理
の本（47 ページ）によると、スイスはアッペンツェル
の山麓、コンスタンツ湖にほど近い、カトリックに属す
る州にある。

　「おやおや！　そこの君、ヨーセフ・ミュレルか？」

　「はい、ファルリュギス先生？」私は答えた。

　「わしが歴史の授業をしているときに、君はなにを書
いておる？」

　「ノートをとっているんです、先生」

　「よろしい」

スイスは「カントン」と呼ばれる州に分かれている。現在の
スイスではカトリックとプロテスタント（改革派）が二大宗
派をなしているが、カントンによっていずれかを公認と定め
ている。6) le lac de Constance：「コンスタンツ湖」。実在
の湖で「ボーデン湖」とも呼ばれる。7) l'Appenzell：「アッ
ペンツェル」。スイス東端にある実在の自治体名。8) répon-
dis-je：台詞などに付される「〜は言った／答えた」といっ
た挿入節では主語と動詞が倒置する。

M. RÉ-DIÈZE ET MLLE MI-BÉMOL

La vérité est que je dessinais un bonhomme, tandis que le maître nous racontait pour la millième fois[9] l'histoire de Guillaume Tell et du farouche Gessler[10]. Personne ne la[11] possédait comme lui. Le seul point qui lui restât à élucider[12] était celui-ci : A quelle espèce, reinette ou calville[13], appartenait la pomme historique[14] que le héros de l'Helvétie[15] avait placée[16] sur la tête de son fils, pomme aussi discutée que celle dont notre mère Ève dépouilla l'arbre du bien et du mal[17] ?

Le bourg de Kalfermatt est agréablement situé au fond d'une de ces dépressions qu'on ap-

---

9) **pour la millième fois** :「（千度目に＝）何度もくり返し」。
10) **Guillaume Tell [...] Gessler** :「ウィリアム・テル」、「ゲスラー」。テルは、14世紀、ハプスブルク家に支配されていたスイスにあって、その独立のきっかけをつくった伝説的英雄。その実在は不明。ゲスラーはオーストリア人の代官で、広場に置いた竿の先に自分の帽子をかけ、これに一礼することをスイス住民に強要した。テルはこれを拒否して捕らえられる。弩の達人テルに対してゲスラーは、テルの息子の頭に置いたリンゴを射ることができれば自由にするという難題をつきつける。11) **la** = l'histoire de Guillaume Tell et du farouche Gessler. 12) **Le seul point qui lui restât à élucider** : restât は rester の接続法半過去。seul や最上級で形容された名詞につく関係節では動詞が接続法となる。13) **reinette ou calville** :「レネットかカルヴィルか」。ともにリンゴの品

レのシャープ君とミのフラットさん

　本当は、先生が毎度おなじみの、ウィリアム・テルと無情なゲスラーの話をしているあいだ、私は人の絵の落書きをしていたんだけどね。先生ほどあの話に詳しい人はいなかった。先生がまだ解き明かしていないことはただひとつ。スイスの英雄が息子の頭に置いた——なにかと取り沙汰されるという点じゃ、われらが母なるイヴが、善と悪の木からもいだあの実にも匹敵する——リンゴの品種がなにかということだけだった。あれはレネットだったのか、カルヴィルだったのかと。

　カルフェルマット村は、快適な、「ヴァン」と呼ばれる窪地の底に位置している。夏でも日の光が届かない、

種名。14) **A quelle espèce [...] appartenait la pomme historique** : La pomme histrique appartenait à quelle espèce. を倒置疑問文にしたもの。appartenir à ... で「〜に属している」の意。15) **l'Helvétie** :「f. ヘルヴェティア」。スイスの別称。同地に古くから住んでいたケルト系民族の名からローマ人がこう呼称した。16) **avait placée** : 過去分詞 placé の性数一致に注意。この例のように関係代名詞 que 節内の動詞が複合形の場合（ここでは大過去）、その過去分詞は先行詞（ここでは la pomme historique）と性数一致する。17) **dépouiller A de B** :「A から B をはぎとる／実をとる」。ここでは l'arbre から celle = la pomme をもぐ。この構文により先行詞 celle に de が必要であるため、関係代名詞 dont が用いられている。

M. RÉ-DIÈZE ET MLLE MI-BÉMOL

pelle « van »[18], creusée sur le côté d'avers[19] de la montagne, celui que les rayons du soleil ne peuvent atteindre l'été[20]. L'école, ombragée de larges frondaisons, à l'extrémité du bourg, n'a
5 point l'aspect farouche d'une usine d'instruction primaire. Elle est gaie d'aspect[21], en bon air[22], avec une vaste cour plantée, un préau pour la pluie, et un petit clocher où la cloche chante comme un oiseau dans les branches.

10 C'est M. Valrügis qui tient l'école, de compte à demi avec[23] sa sœur Lisbeth, une vieille fille plus sévère que lui. Tous deux suffisent à l'enseignement :[24] lecture, écriture, calcul, géographie, histoire — histoire et géographie de la Suisse
15 s'entend[25]. Nous avons classe tous les jours, sauf le jeudi[26] et le dimanche. On vient à huit heures avec son panier et des livres sous la boucle de la courroie ; dans le panier, il y a de quoi manger[27] à midi : du pain, de la viande

---

18) **« van »** :「〈ヴァン〉」。語源不詳。19) **avers** :「m. 表」。学術用語。20) **l'été** : en été と同義だが、le がつくと「毎夏」の意が強くなる。21) **gaie d'aspect** :「楽しげな外観の」。22) **en bon air** :「感じがいい」。23) **de compte à demi avec ...** :「〜と共同出資で」。24) **:** (deux-points) は前文で述べられたことの例を提示、羅列する際に用いる。文章の区切りを

— 6 —

レのシャープ君とミのフラットさん

山の表側に穿たれた窪地に。村はずれの学校は、豊かな木々の葉陰にあって、初等教育のための非情な工場といった雰囲気はみじんもない。むしろ楽しげで、感じがよく、植樹された広い校庭と、雨の日のための軒下もある。小さな鐘楼の鐘は、枝にとまっている鳥のように歌う。

　学校はファルリュギス先生、そして、お姉さんのリースベトが共同で運営している。リースベトは先生よりも手厳しい、独り身の婦人だった。教育はこの二人でこと足りた。読み、書き、計算、地理、歴史——もちろんそれはスイスの歴史と地理だ。木曜日と日曜日以外は毎日授業がある。私たちは籠を持ち、本を革紐と留金で括ると、8時に登校した。籠にはお昼に食べるもの。パン、冷肉、チーズ、果物、そして水で割ったワインの小瓶が。

示す；(point-virgule) と区別すること。25) **... s'entend** : (文末に付して)「もちろん〜である」。cela s'entend の形でも用いられる。26) **le jeudi** : 曜日に le がつくと「毎週〜曜日に」の意になる。27) **de quoi + 不定法** : 「〜する (のに必要な) もの」。

froide, du fromage, des fruits, avec une demi-bouteille de vin coupé. Dans les livres, il y a de quoi s'instruire : des dictées, des chiffres, des problèmes. A quatre heures, on remporte chez soi le panier vide jusqu'à la dernière miette.

« ... Mademoiselle Betty Clère ?..

— Monsieur Valrügis ?.. répondit la fillette.

— Vous n'avez pas l'air de[28] prêter attention à ce que je dicte. Où en suis-je, s'il vous plaît ?[29]

— Au moment, dit Betty en balbutiant, où[30] Guillaume refuse de saluer le bonnet...

— Erreur !.. Nous n'en sommes plus au bonnet, mais à la pomme, de quelque espèce qu'elle soit !..[31]

Mlle Betty Clère, toute[32] confuse, baissa les yeux, après m'avoir adressé ce bon regard que j'aimais tant.

---

28) **avoir l'air de＋不定法** :「～のように見える」。29) **Où en suis-je [...] ?** :「どこまで進んだか？」。30) **au moment où ...** :「ちょうど～しようとしたところ」。この熟語表現中に dit Betty en balbutiant が挿入されている。31) **de quelque espèce qu'elle soit !** :「そのリンゴがどんな種に属していようと！」。être de ... で「～に属している」の意。quelque ...

本には学ぶもの。書きとり用の文、数、問題が入っている。4時になると、パンくずひとつ残っていない空の籠を家に持ち帰る。

「……ベッティ・クレーレさん？」

「はい、ファルリュギス先生？」娘が答えた。

「書きとりに集中していないようじゃな！　わしが今どこを読んでいるか言ってもらえるかね？」

「ウィリアムが、帽子にお辞儀するのを拒んだところで……」ベッティは口ごもった。

「違う！　帽子のところはとっくに過ぎた。リンゴのところじゃ、そいつの品種はともかくな！」

ベッティ・クレーレは縮みあがり、目を伏せた。私が大好きな、あの優しい目で私を見てから。

---

que＋接続法で「〜がどんな〜であろうと」の意。32)
toute：この tout は副詞で，次にくる形容詞（ここでは confuse）の強め。女性形につくと性数を合わせる。ただし母音か無音の h ではじまる形容詞につく場合には tout のまま。（例）Elle est tout étonnée.

M. RÉ-DIÈZE ET MLLE MI-BÉMOL

« Sans doute, reprit ironiquement M. Valrügis, si cette histoire se chantait[33] au lieu de se réciter, vous y prendriez plus de plaisir[34], avec votre goût pour les chansons ! Mais jamais un musicien n'osera mettre[35] pareil sujet en musique[36] ! »

Peut-être notre maître d'école avait-il raison ? Quel compositeur prétendrait faire vibrer de telles cordes[37] !.. Et pourtant qui sait ?.. dans l'avenir ?..

Mais M. Valrügis continue sa dictée. Grands et petits, nous sommes tout oreilles[38]. On aurait entendu siffler la flèche de Guillaume Tell[39] à travers la classe... une centième fois depuis les dernières vacances.

---

33) **se chantait** : si 節内が半過去（se chantait）、主節が条件法現在（prendriez）になっており、「現在の事実に反する仮定とその帰結」の構文になっている。つまり「テルの物語がもし歌われたら、もっと楽しめるのに（だが、実際には歌われることはないので皆は退屈している）」という意になる。34) **prendre plaisir à ...** :「〜を楽しむ」。y = à cette histoire. 35) **jamais un musicien n'osera mettre ...** = un musicien n'osera jamais mettre ... 36) **mettre ... en musique** :「〜を音楽にする」。ただしロッシーニのオペラ「ウィリアム・テル」が1829年に初演されている。その台本はドイツの作家シラーの戯曲（1804年）を下敷きにしたもの。37)

レのシャープ君とミのフラットさん

　ファルリュギス先生は皮肉な調子で続けた。

　「この話を朗誦するんじゃなく歌うのだったら、もっと楽しいのだろうがね。諸君は歌が好きだからな！　じゃが、これほどの題材に音楽をつけようとする大それた音楽家などおらんだろうて！」

　それは正しかったのかもしれない。先生のような人の心も震わせてみせましょうと言い切れる作曲家などいるだろうか！　でも、どうだろう？　いつかは？

　とはいえファルリュギス先生は書きとりを続けた。大きな子も小さな子も全身を耳にする。ウィリアム・テルの矢が、教室をシュッと通り過ぎるのが聞こえてきそうだった……それは去年の夏休み以来、いったい何度目のことだったろう。

---

faire vibrer la corde (sensible)：「心の琴線に触れる」。ここでは Tell との言葉遊びもあるか。38) **être tout oreilles**：「全身を耳にして聞きいる」。39) **On aurait entendu siffler la flèche de Guillaume Tell**：aurait entendu は条件法過去で「（実際にはその事実はなかったが）そのようであった」という意になる。また entendre (voir) … ＋不定法は知覚動詞特有の構文で「〜が〜するのが聞こえる（見える）」の意。不定法 siffler とその意味上の主語 la flèche が倒置しているが、この構文ではこうした倒置がよく起こる。意味上の主語が長いと文章のバランスが悪くなるため。

II

Il est certain que M. Valrügis n'assigne à l'art
de la musique qu'un rang très inférieur[40]. A-t-il
raison ? Nous étions trop jeunes alors pour[41]
avoir une opinion là-dessus. Songez donc, je suis
parmi les grands, et je n'ai pas encore atteint
ma dixième année[42]. Et pourtant, une bonne
douzaine de[43] nous aimait bien les chansons du
pays, les vieux lieds[44] des veillées, et aussi les
hymnes des fêtes carillonnées, les antiennes de
l'antiphonaire[45], lorsque l'orgue de l'église de
Kalfermatt les accompagne. Alors les vitraux
frémissent, les enfants de la maîtrise jettent
leurs voix en fausset, les encensoirs se ba-
lancent, et il semble que les versets, les motets,
les répons[46], s'envolent au milieu des vapeurs
parfumées...

---

40) **M. Valrügis n'assigne à l'art de la musique qu'un
rang très inférieur** : ne … que …（～しか～でない）の構文
を読みとること。41) **trop … pour …** :「あまりに～なので～
できない」。42) **ma dixième année** :「10歳」。43) **une douzaine de …** :「1 ダース（12）の～」→（1）。44) **lied** :「m. リー
ト、歌曲」。ドイツ語。45) **les antiennes de l'antiphonaire**

2

　先生が、音楽という芸術をひどく位の低いものとみなしていたことは確かだ。先生は正しいのだろうか。当時、幼かった私たちはそれについて意見を持つには至らなかった。なにせ上級生の私でも 10 歳になっていなかったのだからね。けれども、私たちのたっぷり 1 ダースほどは、民謡や夜なべの古い歌謡、そしてカルフェルマットの教会でパイプオルガンの伴奏に合わせ、大祭の賛美歌を歌うことや、聖歌を交唱することが大好きだった。そんなときにはステンドグラスが震え、聖歌隊の子どもたちはファルセットの声を張りあげ、吊り香炉が行き来した。そして香る煙のなかに、ヴァーセット、モテット、レスポンソリウムが飛びたっていくかのようだった……。

───────────────

:「（交唱）聖歌集の交唱」。交唱（アンティフォナ）は、ミサにおいて二組の合唱団が応答形式で歌う形式。歌詞は主に旧約聖書の「詩編」から。46) **les versets, les motets, les répons**：ヴァーセットは聖書や聖歌の一節のこと。モテットは多声による宗教声楽曲。レスポンソリウムは独唱者と合唱団が交互に歌う形式の聖歌で、応唱とも。

— 13 —

M. RÉ-DIÈZE ET MLLE MI-BÉMOL

Je ne veux pas me vanter, c'est un mauvais
sentiment, et quoique[47] je fusse un des premiers
de la classe, ce n'est pas à moi de[48] le dire.
Maintenant, si vous me demandez pourquoi, moi,
5 Joseph Müller, fils de Guillaume Müller et de
Marguerite Has, actuellement, après son père,
maître de poste[49] à Kalfermatt, on m'avait sur-
nommé Ré-Dièze, et pourquoi Betty Clère, fille
de Jean Clère et de Jenny Rose, cabaretiers au-
10 dit lieu[50], portait le surnom de Mi-Bémol, je
vous répondrai : Patience, vous le saurez[51] tout
à l'heure. N'allez pas plus vite qu'il ne
convient[52], mes enfants. Ce qui est certain, c'est
que nos deux voix se mariaient admirablement,
15 en attendant que[53] nous fussions mariés l'un à
l'autre. Et j'ai déjà un bel âge[54], mes enfants, à
l'époque où j'écris cette histoire, sachant des
choses que je ne savais pas alors — même en

---

47) **quoique＋接続法**:「〜であろうとも」。fusse は être の
接続法半過去。48) **c'est à ... de＋不定法**:「〜が〜する番だ
／〜するべきだ」。49) **maître de poste**:「駅長」。馬車の中
継地である宿駅の長。フランスでは 1873 年まで存在した称
号で、鉄道の整備にともなって廃止された。50) **audit lieu**:
「前記の場所の」。51) **le saurez**: le は直前の文を受ける中
性代名詞。saurez は savoir の未来形。52) **N'allez pas**

— 14 —

レのシャープ君とミのフラットさん

　自慢はしたくないんだ、感じがいいものじゃないから
ね。私は教室でも出来のいい生徒のひとりだったけれ
ど、それは私の口から言うことじゃない。では、ヴィル
ヘルム・ミュレルとマルガレーテ・ハースの息子にし
て、今は父の跡を継いでカルフェルマットの駅長をして
いる私、ヨーセフ・ミュレルにどうしてレのシャープと
いう綽名がつき、同村の酒場の主人ヨハン・クレーレと
ジェニー・ローゼの娘であるベッティ・クレーレの綽名
がどうしてミのフラットになったのか、そのわけを知り
たいのならば、こうお答えしよう。まあ待ちなさい、じ
きにわかるからと。お前たち、いたずらに先走るもの
じゃないよ。確かなこと、それは、私たちは結ばれる以
前からその声が見事に結びついていたということなん
だ。ねえ、お前たち、この物語を書いている今、私もず
いぶん年をとって、あの頃には知らなかったことも知っ

---

plus vite qu'il ne convient : convient についている ne は比
較文の que 節に付された虚辞。il convient（de/que …）で
「（〜するのが）ふさわしい」の意。il は非人称。53）**en attendant que＋接続法**：「〜するまで」。fussions は être の
接続法半過去。54）**avoir un bel âge**：「老年である」。beau
には「相当の量の〜」の意がある。対して le bel âge は「（美
しい年代＝）青春」の意。

— 15 —

M. RÉ-DIÈZE ET MLLE MI-BÉMOL

musique.

Oui ! M. Ré-Dièze a épousé Mlle Mi-Bémol, et nous sommes très heureux, et nos affaires ont prospéré avec du travail et de la conduite[55] !..
5 Si un maître de poste ne savait pas se conduire, qui le saurait ?..

Donc, il y a quelque quarante ans, nous chantions à l'église, car il faut vous dire que les petites filles, comme les petits garçons, apparte-
10 naient à la manécanterie[56] de Kalfermatt. On ne trouvait point cette coutume déplacée[57], et l'on avait raison. Qui s'est jamais inquiété de savoir si les séraphins descendus du ciel sont d'un sexe ou de l'autre ?[58]

---

55) **conduite**：「f. 品行、日頃のおこない」。同じ行の se conduire も同様の意の代名動詞。この語には「運転」の意もあり、馬を扱う駅長にかけていると思われる。56) **manécanterie**：「f.（教会の）聖歌隊学校」。57) **trouver ... ＋ 形容詞**：「〜が〜だと思う」。58) **Qui s'est jamais inquiété de savoir si ... ?**：「（かつて誰が〜かどうかを気にかけただろ

レのシャープ君とミのフラットさん

ているのさ——音楽についてもね。

そう！　レのシャープ君はミのフラットさんと結婚した。私たちはとても幸せで、勤労と日頃のおこないのおかげで事業もうまくいった！　駅長たる者、日頃のおこない［「運転」の意もある］が悪くては名折れというものだ。

というわけで、40年ほど前、私たちは教会で歌っていた。というのも女の子たちもまた、男の子たちと同じようにカルフェルマットの教会で歌を習っていたのだからね。この習慣が不適切だなんて誰も思わなかったし、筋の通った考えだったよ。天上から降りてきた天使たちが男の子なのか女の子なのかなんて、誰も気にかけたりしないだろうから。

う？＝）誰も〜かどうかなど気にかけなかった」。反語表現。疑問文中などで単独で用いられる jamais は「いつか（未来）／かつて（過去）」の意になる。なお、フランス語には discuter sur le sexe des anges（天使の性別について議論する＝無駄な議論をする）という成句がある。

III

La maîtrise de notre bourgade avait grande
réputation, grâce à son directeur, l'organiste
Eglisak. Quel maître de solfège, et quelle habileté il mettait à[59] nous faire vocaliser ! Comme il
nous apprenait la mesure, la valeur des notes, la
tonalité, la modalité, la composition de la
gamme ![60] Très fort, très fort, le digne Eglisak.
On disait que c'était un musicien de génie[61], un
contrapontiste[62] sans rival, et qu'il avait fait une
fugue extraordinaire, une fugue à quatre parties.

Comme nous ne savions pas trop ce que
c'était, nous le lui demandâmes[63] un jour.

— Une fugue, répondit-il, en redressant sa
tête en forme de coquille de contrebasse.

— C'est un morceau de musique ? dis-je.

— De musique transcendante, mon garçon.

---

59) **quelle habileté il mettait à ...** : il mettait (quelle) habileté à ... を感嘆表現にしたもの。mettre ... à ... で「〜するた
めに（労力など）をかける」の意。60) **comme ... !** :「なん
て〜なのだろう／実に〜だ！」。感嘆表現。14 行目の、理由

— 18 —

3

　村の聖歌隊の評判は上々で、それも指導者であるオルガン奏者、エグリサックのおかげだった。先生はソルフェージュを熟知していて、それはそれは見事な手管で私たちに発声の手ほどきをしてくれたよ！　私たちは、拍子、音符の長さ、調性、旋法、音階の仕組みをみっちりと仕込まれた！　とても、とても物知りだった、あの尊敬すべきエグリサックは。天才的な音楽家で、対位法を使って曲を書かせたら右に出る者がいないという話でね。そして驚くべきフーガを作曲したと言われていた、4声からなるフーガを。

　それがなんであるかをよく知らなかった私たちは、ある日、尋ねてみた。

　「フーガとはな」先生は答えた。コントラバスの渦巻き［糸巻きのうえの装飾］のような頭を持ちあげて。

　「曲なんですか？」と私。

　「至上の、な」

を示す「〜なので」の comme とは異なる。61）**... de gé-nie**：「天才的な〜」。62）**contrapontiste**：「対位法を用いて作曲する人」。contrepoint で「m. 対位法」の意。63）**de-mandâmes**：demander の単純過去。

—19—

M. RÉ-DIÈZE ET MLLE MI-BÉMOL

— Nous voudrions bien l'entendre, s'écria un petit Italien, du nom de Farina, doué d'une jolie voix de haute-contre, et qui montait... montait... jusqu'au ciel.

5 — Oui, ajouta un petit Allemand, Albert Hoct, dont la voix descendait... descendait... jusqu'au fond de la terre.

— Allons, Monsieur Eglisak ?.. répétèrent les autres garçonnets et fillettes.

10 — Non, mes enfants. Vous ne connaîtrez ma fugue que lorsqu'elle sera achevée...

— Et quand le[64] sera-t-elle ? demandai-je.

— Jamais. »

On se regarda, et lui de[65] sourire finement.

15 « Une fugue n'est jamais achevée, nous dit-il. On peut toujours y ajouter de nouvelles parties. »

Donc, nous n'avions point entendu la fameuse fugue du professeur Eglisak ; mais il avait pour
20 nous mis en musique l'hymne de saint Jean-Baptiste, vous savez ce psaume[66] en vers, dont Gui

---

64) **le** = achevée. 形容詞、過去分詞の代わりになる中性代名詞の le. 65) **et ... de＋不定法**：「そして～は～した」。物語不定法。動詞の単純過去と同じ働きをする。66) **psaume**：

— 20 —

レのシャープ君とミのフラットさん

「ぜひ聴いてみたいです」ファリーナという名の、イタリア人の子が大きな声を出した。カウンターテナーの美しい声の持ち主で、その声は高く……高く伸び……天にも舞いあがるようだった。

「そうです!」アルベルト・ホークトというドイツ人の子がつけ加えた。この子の声は低く……低く……地の底に降りていくようだった。

「さあさあ、エグリサック先生?」ほかの、幼い少年少女たちがくり返した。

「いいや、だめじゃ。完成するまで、わしのフーガを聴かせることはできんのだ……」

「では、いつ完成するのですか?」私は尋ねた。

「完成はせん」

私たちは顔を見合わせ、先生のほうは、かすかな笑みを浮かべて、こう言った。

「フーガというのは完成せんのじゃ。いつでも新しい声部を加えることができるからな」

というわけで、エグリサック先生の件のフーガを私たちは聴くことができなかった。けれど先生は私たちのために、聖ヨハネの賛歌に音楽をつけてくれた。ほら、グィード・ダレッツォがその行頭をとって音階の名にし

「m. 詩編」。旧約聖書に収められた詩であり、かつ聖歌の歌詞に用いられるため聖歌それ自体も指す。

M. RÉ-DIÈZE ET MLLE MI-BÉMOL

d'Arrezo a pris les premières syllabes pour dési-
gner les notes de la gamme :

> *Ut* queant laxis
> *Re*sonare fibris
> *Mi*ra gestorum
> *Fa*muli tuorum,
> *Sol*ve polluti,
> *La*bii reatum,
> Sancte Johannes.[67]

Le *Si* n'existait pas à l'époque de Gui
d'Arezzo. Ce fut en 1026 seulement qu'[68] un
certain Guido[69] compléta la gamme par l'adjonc-
tion de la note sensible[70], et m'est avis qu'[71] il
a bien fait.

Vraiment, quand nous chantions ce psaume,

---

67) ***Ut* queant laxis ...** : ラテン語による「聖ヨハネの賛歌」。
この詩句から階名の呼称、つまり ut（もしくは do），ré, mi,
fa, so, la, si が定められた。異説もあるが、11 世紀イタリア
の音楽家グィード・ダレッツォ（Gui d'Arezzo 991-1033 ?）
が発案者とされる。68) **Ce fut en 1026 seulement qu'...** :
c'est … que … の強調構文。fut は être の単純過去。69) **un
certain Guido** : un certain ＋固有名詞で「～とかいう人」の
意。この人名と 1026 年という年号の参照元は不明。直前で

レのシャープ君とミのフラットさん

た、あの韻文の詩篇だよ。

シモベ達ガ
声モ高ラカニ
汝ノナセリ
奇蹟ヲ称エンガタメ、
コノ汚レシ唇ノ、
罪ヲバ浄メタマエ、
聖ヨハネサマ

　グィード・ダレッツォの時代にはシがなかった。グイドなる人物が、その導音を加えて音階を完全なものにしたのは、やっと 1026 年のことで、よくやったものだと私は思う。

　私たちがこの詩篇を歌うと、本当に、遠くからだって

言及されるグィード・ダレッツォのイタリア語表記が Guido であるため、なんらかの勘違いの可能性もある。少なくとも現在の研究では「シ」が加わったのは 16 世紀末以降とされ、それをおこなった人物についての定説はない。ちなみにヴェルヌ父は「フィガロ・イリュストレ」版で、「シ」の追加に関するこの一節を削除している。70) **la note sensible** :「導音」。ハ長調ならば「シ」にあたる音。71) **m'est avis que ...** :「〜だと思われる」。

— 23 —

on serait venu[72] de loin, rien que pour[73] l'entendre. Quant à ce qu'ils signifiaient, ces mots bizarres, personne ne le savait à l'école, pas même M. Valrügis. On croyait que c'était du latin, mais ce n'était pas sûr. Et, cependant, il paraît que[74] ce psaume sera chanté au jugement dernier, et il est probable que le Saint-Esprit, qui parle toutes les langues, le traduira en langage édénique.

Il n'en reste pas moins que[75] M. Eglisak passait pour être un grand compositeur. Par malheur, il était affligé d'une infirmité bien regrettable, et qui tendait à[76] s'accroître. Avec l'âge, son oreille se faisait dure. Nous nous en apercevions, mais lui[77] n'aurait pas voulu en convenir[78]. D'ailleurs, afin de ne pas le chagriner, on criait quand on lui adressait la parole, et nos

---

72) **serait venu**：この条件法過去は断定を和らげるための用法。また on と過去分詞との性数一致は絶対ではなく、この文の on も意味上は複数だが、venu に s はついていない。73) **rien que pour＋不定法**：「〜するためだけに」。74) **il paraît que＋直説法**：「〜のように思われる」。この il は非人称。次の il est probable que＋直説法 の il も同様。75) **Il n'en reste pas moins que ...**：「それでもなお〜であることに変わりはない」。n'en … pas moins で「それでもなお〜だ」、il reste que … で「〜であり続ける」の意。il は非人称。

レのシャープ君とミのフラットさん

人がやって来たものだったよ、私たちの歌を聴くためだけにね。歌詞の奇妙な語の意味はといえば、学校の誰ひとりとして、ファルリュギス先生にさえ知り得なかった。ラテン語だろうとは思ったけれど確かではなかった。ただ、この詩篇が最後の審判で歌われるときには、どんな言語にも通じている精霊がエデンの園の言葉に訳すからそれでも構わないだろうけどね。

　ともかくもエグリサック先生が偉大な作曲家として通っていたことは言を俟たない。不幸なことに先生は、至極残念な、悪くなる一方の病に罹っていた。歳のせいで耳が遠かったんだ。私たちはそれに気づいていたけれど、先生にとってはまさかの話だったろう。そもそも先生に悲しい思いをさせないために、皆は怒鳴り声で話し

---

76) **tendre à＋不定法**：「〜する傾向がある」。77) **lui** = Eglisak.「彼のほうは」と対立を強調するために強勢形が用いられている。78) **lui n'aurait pas voulu en convenir**：「（村人たちは彼の耳が遠いことをあえて知らせようとはしなかったが、仮に知らせても）彼はそれに同意しなかったであろう」。過去の事実に反する仮定の帰結文としての条件法過去→(33)。また convenir de … で「〜を認める」の意。ここでは（言外の）de sa surdité が中性代名詞の en に置き換わっている。

fausses parvenaient à faire vibrer son tympan. Mais l'heure n'était pas éloignée où[79] il serait[80] complètement sourd.

Cela arriva, un dimanche, à vêpres[81]. Le dernier psaume des Complies[82] venait d'être achevé, et Eglisak s'abandonnait sur l'orgue aux caprices de son imagination. Il jouait, il jouait, et cela n'en finissait pas. On n'osait pas sortir, crainte de[83] lui faire de la peine. Mais voici que[84] le souffleur[85], n'en pouvant plus[86], s'arrête. La respiration manque à l'orgue... Eglisak ne s'en est pas aperçu. Les accords, les arpèges se plaquent ou se déroulent sous ses doigts. Pas un son ne s'échappe, et cependant, dans son âme d'artiste, il s'entend toujours... On a compris : un malheur vient de le frapper. Nul n'ose l'avertir. Et pourtant le souffleur est descendu par l'étroit escalier de la tribune...

Eglisak ne cesse pas de jouer. Et toute la soirée ce fut ainsi, toute la nuit également, et, le

---

79) **où** : これは関係代名詞で先行詞は文頭の l'heure. 80) **serait** : 過去時制において未来のことを示す条件法現在。81) **vêpres** : 「f. pl. 晩課」。カトリックの典礼である時課のうち、日没後におこなわれる祈り。82) **complies** : 「f. pl. 終課」。就

レのシャープ君とミのフラットさん

かけていたし、私たちが出すファルセットは先生の鼓膜を震わせることができたからね。けれど先生の耳がすっかり聞こえなくなるのは時間の問題だった。

そしてそのときがやって来た、ある日曜日、晩課の折に。終課の最後の詩篇歌が終わっても、エグリサックは想の赴くまま、夢中でパイプオルガンを弾いていた。弾いて弾きまくり、いつまでもそうしていた。皆は、先生の気を悪くしてはと外に出られずにいた。けれど、とうとう、ふいご人夫がもう保たなくなって手を止めた。オルガンは息ができなくなる……。エグリサックはそれに気づかなかった。指は和音を押さえ、アルペジオをくり出す。音などまるで出ていないのに、だけど、先生の魂はずっとそれを聞いていたんだ……。私たちは理解した、先生に不幸が起こったんだって。それを告げるのは憚られた。ふいご人夫のほうは、狭い階段を通って高壇から降りてきてしまっていたけれど……。

エグリサックは弾くのをやめない。ひと晩中その調子で、夜中も、そして翌日になってもまだ、もの言わぬ鍵

寝前におこなわれる最後の祈り。83) **crainte de + 不定法**：「～することを恐れて」。84) **voici que ...**：「すると～」。85) **souffleur**：「m. ふいご人夫」。ふいごを動かし、パイプオルガンに空気を送る人。86) **n'en pouvant plus**：「耐えきれずに」。

lendemain encore, il promenait ses doigts sur le clavier muet. Il fallut l'entraîner... le pauvre homme se rendit compte enfin. Il était sourd. Mais cela ne l'empêcherait pas de[87] finir sa fugue. Il ne l'entendrait pas, voilà tout.

Depuis ce jour, les grandes orgues[88] ne résonnaient plus dans l'église de Kalfermatt.

---

87) **ne pas empêcher ... de + 不定法**：「～が～するのを妨げない」。88) **les grandes orgues**：「f. pl. 大オルガン」。orgue は男性名詞だが、教会の大オルガンについては（一台であっても）このように女性複数形にする。

レのシャープ君とミのフラットさん

盤に指を走らせていた。しまいにはパイプオルガンから引きずり出さなければならなくなって……そして先生はとうとう知ったんだ。耳が聞こえなくなったと。だけどフーガの完成がかなわなくなったわけじゃない。ただ、そのフーガが聞こえない、それだけのことさ。

　そして、その日を境に、カルフェルマットの教会の大パイプオルガンは音を響かせることがなくなったんだ。

音などまるで出ていないのに……（27ページ）

IV

Six mois se passèrent. Vint[89] novembre, très
froid. Un manteau blanc couvrait la montagne et
traînait jusque dans les rues. Nous arrivions[90] à
l'école le nez rouge, les joues bleuies. J'attendais
Betty au tournant de la place. Qu'elle était gen-
tille sous sa capeline rabattue ![91]

« C'est toi, Joseph ? disait-elle.

— C'est moi, Betty. Cela pince, ce matin. En-
veloppe-toi bien ! Ferme ta pelisse...

— Oui, Joseph. Si nous courrions ?[92]

— C'est cela. Donne-moi tes livres, je les por-
terai. Prends garde de[93] t'enrhumer. Ce serait
un vrai malheur de perdre ta jolie voix...

— Et toi, la tienne[94], Joseph ! »

C'eût été malheureux[95], en effet. Et, après

---

89) **Vint** : venir の単純過去。主語 novembre と倒置してい
る。90) **arrivions** : 過去の習慣を表わす半過去で「～したも
のだった」の意。以下の attendais, disait-elle, fillions も同
様。91) **que + 直説法 !** :「なんて～なんだ！」。感嘆表現。
92) **si + 直説法（半過去）?** :「～しませんか？」。si の独立節
で勧誘の表現。93) **prendre garde de + 不定法** :「～しない
ように気をつける」。ただしこれは古い言い回しで、現在で

4

　半年が過ぎた。やって来た 11 月は、とても寒かった。
白いマントが山を覆い、通りにまで裾を垂らしていた。
学校に着く頃には鼻は赤く、頬は青くなっていたもの
だった。私はいつも、広場の曲がり角でベッティを待っ
ていた。頭巾に包まれた顔はとてもかわいらしかった
よ！　あの子が言った。

　「ヨーセフ、あなたなの？」

　「僕だよ、ベッティ。冷えるね、今朝は。コートにしっ
かり包まるんだよ！　前をしっかり閉じてね……」

　「うん、ヨーセフ。ねえ、走らない？」

　「そうだな。本を寄こしなよ、持っていってあげるか
ら。風邪をひかないようにしなきゃ。君のきれいな声が
台無しなったらそれこそ災難だからね……」

　「あなたの声もね、ヨーセフ！」

　実際、そうなったら辛かったろう。指に息を吹きかけ

は prendre garde de ne pas＋不定法を用いる。94) **la
tienne** = ta voix. 95) **C'eût été malheureux** : 過去の事実に
反する仮定（実際にそうではなかったが、もしベッティの声
が台無しになっていたら）の帰結文で「〜であったろう」の
意→（78）。eût été は être の接続法大過去で条件法過去と
同じ価値を持ち、「条件法過去第 2 形」とも称される。

M. RÉ-DIÈZE ET MLLE MI-BÉMOL

avoir soufflé dans nos doigts, nous filions à toutes jambes[96] pour nous réchauffer. Par bonheur, il faisait chaud dans la classe. Le poële ronflait. On n'y épargnait pas le bois. Il y en a
5 tant, au pied de la montagne, et c'est le vent qui se charge de l'abattre. La peine de le ramasser seulement. Comme ces branches pétillaient joyeusement![97] On s'empilait autour. M. Valrügis se tenait dans sa chaire, sa toque four-
10 rée jusqu'aux yeux. Des pétarades éclataient, qui accompagnaient comme une arquebusade[98] l'histoire de Guillaume Tell. Et je pensais que si Gessler ne possédait qu'un bonnet, il avait dû s'enrhumer pendant que le sien figurait au bout
15 de la perche, si ces choses-là s'étaient passées l'hiver!

Et alors, on travaillait bien, la lecture, l'écriture, le calcul, la récitation, la dictée, et le maître était content. Par exemple[99], la musique
20 chômait. On n'avait trouvé personne capable de remplacer le vieil Eglisak. Bien sûr, nous allions

---

96) **à toutes jambes** :「全速力で」。97) **comme ... !** : 感嘆表現 →（60）。98) **arquebusade** :「f. 火縄銃（arquebuse）の

レのシャープ君とミのフラットさん

て、私たちは体を温めようと全力で駆けたものだ。ありがたいことに教室は暖かかった。ストーブが唸りをあげていて。薪は惜しみなくくべられていた。山の麓にいくらでも落ちているからね、それに木こりの役は風がやってくれる。私たちは木を集めるだけでよかった。乾いた枝は陽気に、ぱちぱちとはぜていた！　そのまわりで私たちは肩を寄せ合った。ファルリュギス先生は教壇から離れず、毛皮の縁なし帽を目深にかぶっていた。薪は火縄銃の連射のごとく弾けて、ウィリアム・テルの物語に伴奏した。私は思ったものだ、もしもゲスラーがひとつしか帽子を持っていなくて、その帽子を竿の先にかけたのなら、彼は風邪をひいただろうってね。あの一連の出来事が起こったのが冬だったならば！

　そして私たちはたっぷりと勉強した。読み、書き、計算、暗誦、書きとり。先生は満足げだった。だけど音楽は暇をとっていた。老エグリサックの代わりが見つからなかったから。これでは当然、先生から教えられたこと

射撃」。99) **par exemple**：ここでは「しかし」の意。

oublier tout ce qu'il nous avait appris ! Quelle apparence qu[100]'il vînt[101] jamais[102] à Kalfermatt un autre directeur de manécanterie ! Déjà le gosier se rouillait, l'orgue aussi, et cela coûterait
5 des réparations, des réparations...

M. le Curé ne cachait point son ennui. Maintenant que l'orgue ne l'accompagnait plus, ce qu'il détonnait, le pauvre homme, surtout dans la préface de la messe ![103] Le ton baissait graduelle-
10 ment, et, quand il arrivait à *supplici confessione dicentes*[104], il avait beau chercher des notes sous son surplis, il n'en trouvait plus. Cela excitait à rire quelques-uns. Moi, cela me faisait pitié, — à Betty aussi. Rien de lamentable[105] comme les of-
15 fices à présent. À la Toussaint[106], il n'y avait eu aucune belle musique, et la Noël[107] qui s'approchait avec ses *Gloria*, ses *Adeste Fideles*, ses *Exultet*[108] !..

---

100) **quel(le)(s) ... que＋接続法**：「〜だとはなんて〜だ」。感嘆表現。101) **il venir ...**：「〜がやって来る」。この il は非人称で意味上の主語は un autre directeur de manécanterie. vînt は venir の接続法半過去。102) **jamais**：「いつか」 → （58）。103) **ce que ... !**：「なんて〜なんだろう！」。感嘆表現。104) ***supplici confessione dicentes***：ラテン語。ミサで歌われる「叙唱」で、その結びの文言。105) **(ne) rien de＋形容詞**：「〜なものはなにもない」。il n'y avait が省略されている。106) **Tous-**

レのシャープ君とミのフラットさん

を私たちはすっかり忘れてしまうだろう！　聖歌隊の次の指導者がじきにカルフェルマットにやって来るなどありそうになかった！　私たちの喉は錆びついてしまい、それはパイプオルガンも同じことで、修理が必要になるだろう、修理が……。

　司祭さまは見るからにお困りのご様子だった。パイプオルガンの伴奏がない今、とくにミサの序誦のときには、その調子外れのことときたらなかった！　短白衣（スルプリ）をはおった司祭さまの音程は少しずつさがっていき、「［神の栄光を天使とともに］慎ミ深ク歌ワン」まで来ると、音を探しても無駄で、もう見つけることができなかった。それを笑う者もいた。私はといえば、司祭さまが気の毒でならなかった──ベッティもそうだ。今の礼拝ほど惨めなものはなかった。万霊節は美しい音楽なしでおこなわれた。そしてクリスマスが近づいてきた、栄光頌（グローリア）、信仰深キ者（アデステ・フィデレス）、歓喜セヨ（エクスルテット）とともに……。

---

saint：「f. 万霊節」。「すべての聖人」を意味するキリスト教の祝日（11 月 1 日）。107) **la Noël** = la fête de Noël。「クリスマスのお祭」。Noël は男性名詞だが、この意味では fête de が略されて la が残る。108) **ses *Gloria,* ses *Adeste Fideles,* ses *Exultet***：ミサ曲や聖歌のラテン語タイトル。後者ふたつは日本で「神の御子は今宵しも」、「復活賛歌」のタイトルでも知られる。ただし「復活賛歌」は復活祭で歌われる曲であるため、ここでは「奉献唱」→（401）の歌詞を想起しているかもしれない。

M. RÉ-DIÈZE ET MLLE MI-BÉMOL

M. le Curé avait bien essayé d'[109] un moyen. Ç'avait été de remplacer l'orgue par un serpent[110]. Au moins, avec un serpent, il ne détonnerait plus. La difficulté ne consistait pas à se procurer cet instrument antédiluvien. Il y en[111] avait un pendu au mur de la sacristie, et qui dormait là depuis des années. Mais où trouver[112] le serpentiste ? Au fait, ne pourrait-on utiliser le souffleur d'orgue, maintenant sans ouvrage.

« Tu as du souffle[113] ? lui dit un jour M. le Curé.

— Oui, répondit ce brave homme, avec mon soufflet, mais pas avec ma bouche.

— Qu'importe ! essaie pour voir…

— J'essaierai. »

Et il essaya, il souffla dans le serpent, mais le son qui en sortit était abominable. Cela venait-il de lui, cela venait-il de la bête en bois ? Question insoluble. Il fallut donc y renoncer, et il

---

109) **essayer de …**：「〜を試してみる」。essayer de＋不定法は一般的に用いられるが、de＋名詞は文語表現。110) **serpent**：「m. セルパン」。昔の金管楽器で、名は、蛇のような形状に由来する。19 世紀半ばまでパイプオルガンのない

— 36 —

レのシャープ君とミのフラットさん

　司祭さまはある方法をお試しになられた。パイプオルガンに代えてセルパンを使おうとしたんだ。少なくともセルパンがあれば音を外さずに済むだろう。その太古の楽器は簡単に手に入った。そいつは聖具室の壁にぶらさがっていて、そこで何年ものあいだ眠っていたから。だけどセルパン吹きをどこで見つけたものだろう。ならば今は仕事がない、パイプオルガンのふいご人夫を使えないものか。ある日、司祭さまは彼に尋ねた。

　「風を送れるかね？」

　「ええ、ふいごを使えば。ですが、あっしの口じゃ無理です」まじめな男は答えた。

　「構わん！　ともかくやってみてくれ……」

　「やってみましょう」

　男はやってみた。セルパンに息を吹きこんだが、出た音はひどかった。それは彼のせいなのか、木の蛇のせいなのか？　答えのない問いだね。だから、この方法はあきらめなくてはならず、おそらく今年のクリスマスも、

教会で用いられた。111) **en** = serpent. 112) **où + 不定法 ?** :「どこで〜か？」。113) **avoir du souffle** :「息切れしない」。また、比喩的に「我慢強い」。

M. RÉ-DIÈZE ET MLLE MI-BÉMOL

était probable que la prochaine Noël serait aussi triste que l'avait été la dernière Toussaint[114]. Car, si l'orgue manquait faute d'[115] Eglisak, la maîtrise ne fonctionnait pas davantage. Personne pour nous donner des leçons, personne pour battre la mesure, c'est pourquoi les Kalfermattiens étaient désolés, lorsqu'un soir, la bourgade fut mise en révolution.

On était au 15 décembre. Il faisait un froid sec[116], un de ces froids qui portent les bruits au loin. Une voix, au sommet de la montagne, arriverait alors jusqu'au village ; un coup de pistolet tiré de Kalfermatt s'entendrait à Reischarden[117], et il y a une bonne lieue.

J'étais allé souper chez M. Clère un samedi. Pas d'école le lendemain. Quand on a travaillé toute la semaine, il est permis, n'est-ce pas, de se reposer le dimanche ? Guillaume Tell a également le droit de chômer, car il doit être fatigué

---

114) **l'avait été la dernière Toussaint** = la dernière Toussaint avait été triste. le は中性代名詞で，ここでは前出の形容詞 triste を受けている→ (64)。115) **faute de ...**:「〜なしで」。116) **un froid sec**:「寒い」は Il fait froid. で froid

レのシャープ君とミのフラットさん

この前の万霊節と同じくらい寂しいものになると思われた。というのもエグリサックがいなければパイプオルガンはなく、聖歌隊の活動はなおのことなのだから。稽古をつけてくれる者も、拍子をとってくれる者もいないとあって、カルフェルマットの住人たちは悲嘆に暮れていた。この小村を揺るがす騒動がもちあがったのはそんなある晩のことだった。

12月15日だった。きりりと寒い日で、こういう寒さは物音を遠くに運ぶ。声は、山のてっぺんから村まで届くだろう。カルフェルマットで銃を撃てばライシャールデンでも聞こえるかもしれない、たっぷり1里はあるのにね。

土曜日で、私はクレーレさんの家に行って夕食をごちそうになっていた。次の日は学校がない。1週間勉強ずくめだったのだから、日曜日くらい休んだって構わないはずだろ？　ウィリアム・テルにも暇をとる権利はある。ファルリュギス先生の尋問を受けて1週間を過ごし

は無冠詞だが、形容詞がつくと（ここでは sec）不定冠詞を伴うようになる。117) **Reischarden**：「ライシャールデン」。架空の地名と思われる。

M. RÉ-DIÈZE ET MLLE MI-BÉMOL

après huit jours[118] passés sur la sellette[119] de M. Valrügis.

La maison de l'aubergiste était sur la petite place, au coin à gauche, presque en face de 5 l'église, dont on entendait grincer la girouette au bout de son clocher pointu. Il y avait une demi-douzaine de clients chez Clère, des gens de l'endroit, et, ce soir-là, il avait été convenu que Betty et moi, nous leur chanterions un joli noc-10 turne de Salviati[120].

Donc, le souper achevé[121], on avait desservi, rangé les chaises, et nous allions commencer, lorsqu'un son lointain parvint à nos oreilles.

— Qu'est-ce que cela ? dit l'un.

15 — On croirait que ça vient de l'église, répondit l'autre.

— Mais c'est l'orgue !..

— Allons donc ![122] L'orgue jouerait tout seul ?..

Cependant, les sons se propageaient nettement,

---

118) **huit jours** :「1 週間」。フランス人は慣用的に 1 週間を「8 日」と言う。同様に「2 週間」も「15 日（quinze jours）. 119) **sur la sellette** :「被告人席で／質問ぜめに（して）」。テルを被告人に喩えている。120) **Salviati** :「サルヴィアーティ」。架空の作曲家と思われる。121) **le souper achevé** :「夕食が終わると」。この過去分詞 achevé の主語は le sou-

— 40 —

レのシャープ君とミのフラットさん

たあと、彼だってお疲れに違いない。

　宿屋の家は小さな広場に面していた。左の隅の、教会のほぼ真向かいにあったので、そこからは、尖った鐘楼の先にある風見鶏がギーギーと音をたてるのが聞こえてきた。店には半ダースほどの客、皆地元の人たちがいて、その晩はベッティと私とで、サルヴィアーティの美しい夜想曲を歌うことになっていた。

　なので夜食が済むと、皿を片づけ、椅子を並べた。そして私たちが歌いはじめようとしたときだった、遠くから音が聞こえてきたのは。ある者が言った。

　「なんだろう？」

　「教会からのようだな」別の者が答えた。

　「ああ、こりゃパイプオルガンの音だ！」

　「まさか！　パイプオルガンが独りでに演奏するか？」

　そのあいだにも、音ははっきりとあたりに広がってい

---

per であり、主節の主語である on とは異なる。このような節を絶対分詞節と呼び、文脈に応じて、時、原因、条件、対立などの意味を持つ。ここでは時の表現（〜したとき）となっている。122) **Allons donc !**：「まさか、ばかな」。この aller は間投詞で驚きなどを示す。

—— 41 ——

M. RÉ-DIÈZE ET MLLE MI-BÉMOL

tantôt *crescendo*, tantôt *diminuendo*, s'enflant parfois comme s'ils fussent sortis des grosses bombardes[123] de l'instrument.

On ouvrit la porte de l'auberge, malgré le froid. La vieille église était sombre, aucune lueur ne perçait à travers les vitraux de la nef. C'était le vent, sans doute, qui se glissait par quelque hiatus de la muraille. Nous nous étions trompés, et la veillée allait être reprise, lorsque le phénomène se reproduisit avec une telle intensité que l'erreur ne fut pas possible.

— Mais on joue dans l'église ! s'écria Jean Clère.

— C'est le diable, bien sûr, dit Jenny.

— Est-ce que le diable sait jouer de l'orgue ? répliqua l'aubergiste.

— Et pourquoi pas ? pensais-je à part moi[124].

Betty me prit la main[125].

— Le diable ? dit-elle.

Cependant, les portes de la place se sont peu

---

123) **bombarde** :「f. ボンバルド」。パイプオルガンは音栓
（ストップとも）と呼ばれる装置を使って音色を変化させる。
これはそのひとつで低音を出すパイプの呼称。124) **à part**
moi :「心のなかで」。125) **me prit la main** :「身体の一部を

— 42 —

レのシャープ君とミのフラットさん

た。クレッシェンドになったり、ディミヌエンドになったり、まるでパイプオルガンの太いボンバルドから出たかのように、ときおりどんと大きくなった。

　寒さも厭わず、私たちは宿屋の戸口を開けた。古い教会は暗く、身廊のステンドグラスから光は漏れていなかった。おそらくは、壁の隙間をすり抜けた風の音だったのだろう。私たちの勘違いだったんだ。そして夜会を仕切り直そうとしたとき、またもや同じことが起こり、音の強さから今度は空耳とは思えなかった。ヨハン・クレーレが声を張りあげた。

　「やっぱり教会で演奏してる！」

　「悪魔だわ、絶対に」とジェニー。

　「悪魔にパイプオルガンが弾けるか？」宿屋の主人が返した。

　「できたっておかしくはない」私は胸の裡で思った。

　ベッティが私の手を取り、言った

　「悪魔なの？」

　そのあいだに、広場に面した家の戸口がひとつまたひ

〜する」という表現では所有形容詞の使用は避け（ここであれば prit ma main とはしない）、人称代名詞（ここでは me）で対象の人を示し、その身体の一部には定冠詞をつける。

à peu ouvertes ; des gens se montrent aux fenêtres. On s'interroge. Quelqu'un de l'auberge dit :

— M. le Curé aura trouvé[126] un organiste, et il l'a fait venir. »

Comment n'avions-nous pas songé à cette explication si simple ? Justement M. le Curé vient d'apparaître sur le seuil du Presbytère[127].

« Qu'est-ce qui se passe ? demande-t-il.

— On joue de l'orgue, monsieur le Curé, lui crie l'aubergiste.

— Bon ! c'est Eglisak qui s'est remis à son clavier. »

En effet, d'être sourd n'empêche pas de faire courir ses doigts sur les touches, et il est possible que le vieux maître ait eu[128] cette fantaisie de remonter à la tribune avec le souffleur. Il faut voir. Mais le porche est clos.

« Joseph, me dit M. le Curé, va donc chez Eglisak. »

J'y cours, en tenant Betty par la main, car

---

126) **aura trouvé** : 前未来。ここでは断定を避けるための用法。127) **presbytère** : 「m. 司祭館」。128) **ait eu** : avoir の接続法過去。il est possible que の que 節内の動詞は接続

— 44 —

レのシャープ君とミのフラットさん

とつと開いていった。窓辺には人影が現われた。互いに尋ね合っている。宿屋にいた誰かが言った。

「司祭さまがオルガン弾きを見つけたんだ。その人を教会に寄こしたんだよ」

これほど簡単な説明をなぜ今まで思いつかなかったのだろう。ちょうどそのとき、司祭さまが司祭館の玄関先に姿を見せ、こう尋ねられた。

「なにが起こっておる？」

「誰かがパイプオルガンを弾いているのですよ、司祭さま」宿屋が怒鳴るように言った。

「そうか！ エグリサックがまた鍵盤に向かったんじゃな」

確かに、耳が聞こえなくなっても鍵に指を走らせることはできるから、老師が気まぐれを起こして、ふいご人夫を伴って高壇に昇ったとしてもおかしくはない。確認してみなければ。だけど教会の門は閉ざされていた。司祭さまは私に言った。

「ヨーセフ、エグリサックの家に行ってくるのじゃ」

ベッティが離れたがらなかったので、私はその手を

法をとり、ここでは行為（気まぐれを起こす）がすでに完了していることを示すため過去形になっている。このように動詞の複合形は「完了」を意味する。

elle n'a pas voulu me quitter.

Cinq minutes[129] après, nous sommes de retour.

« Eh bien ? me demande M. le Curé.

— Le maître est chez lui, dis-je hors d'haleine.

C'était vrai. Sa servante m'avait affirmé qu'il dormait dans son lit comme un sourd et tout le vacarme de l'orgue n'aurait pu le réveiller.

— Alors qui donc est là ? murmure Mᵐᵉ Clère, peu rassurée.

— Nous le saurons ! » s'écrie M. le Curé, en boutonnant sa pelisse.

L'orgue continuait à se faire entendre. C'était comme une tempête de sons qui en sortait. Les seize-pieds[130] travaillaient à plein vent ; le gros nasard[131] poussait des sonorités intenses ; même le trente-deux-pieds, celui qui possède la note la plus grave, se mêlait à cet assourdissant concert. La place était comme balayée par une rafale de

---

129) **cinq minutes** :「少しのあいだ」。短い間を表わす慣用表現で必ずしも 5 分間を意味しない。130) **les seize-pieds** :「16 フィート管」。pied は昔の長さの単位で約 32.4 センチ、英語のフィートにあたる。ここではパイプオルガンの管の長さお

レのシャープ君とミのフラットさん

取って先生の家まで走った。

　数分後、私たちが戻ると司祭さまが尋ねた。

「どうじゃった？」

「先生はご自宅においでです」息を切らせて私は言った。

　それは本当だった。女中がはっきりと言ったんだ。先生はベッドで、耳が聞こえない人のようにぐっすり眠っておいでだと。パイプオルガンがどんなに騒がしくとも目を覚ますことはなかったろうとね。

「じゃあ、誰があそこに？」クレーレ夫人が不安そうにつぶやいた。

「今にわかろう！」司祭さまがコートのボタンを留めながら大声で言った。

　パイプオルガンは鳴り続けていた。まるで音の嵐がそこから吹き出してきているかのように。16フィート管が風をいっぱいに受けて音を鳴らしていた。太いナザー

よび、それに由来する管の呼称。よって下記の le trente-deux-pieds は長さが倍の管であり、10m 近い高さになる。
131) nasard：「m. ナザール」。音栓のひとつで鼻にかかったような音を出す。

M. RÉ-DIÈZE ET MLLE MI-BÉMOL

musique. On eût dit[132] que l'église n'était plus qu'un immense buffet[133] d'orgue, avec son clocher comme bourdon[134], qui donnait des *contre-fa*[135] fantastiques.

5   J'ai dit que le porche était fermé, mais, en faisant le tour, la petite porte, précisément en face du cabaret Clère, était entr'ouverte. C'était par là que l'intrus avait dû pénétrer. D'abord M. le Curé, puis le bedeau qui venait de le rejoindre, 10 entrèrent. En passant, ils trempèrent leurs doigts dans la coquille d'eau bénite, par précaution, et se signèrent. Puis, toute la suite[136] en fit autant.

Soudain, l'orgue se tut. Le morceau joué par le mystérieux organiste s'arrêta sur un accord 15 de quarte et sixte[137] qui se perdit sous la sombre voûte.

Était-ce l'entrée de tout ce monde qui avait coupé court à[138] l'inspiration de l'artiste ? Il y

---

132) **On eût dit que...** :「～といえた」。接続法大過去（条件法過去第２形）→（95）。ただし、こちらは慣用句的。133) **buffet** :「m.（パイプオルガンの）外箱」。もしくはオルガン全体を指している。134) **bourdon** :「m. ブルドン」。音栓のひとつで低音を出す。本来はマルハナバチという蜂を指し、そのブーンという羽音から。転じて「大鐘や管弦楽器の低音」。135) ***contre-fa*** :「カウンターのファ」。カウンターは１

レのシャープ君とミのフラットさん

ルが放つ響きは強烈だった。いちばん低い音を出す 32 フィート管も、耳をつんざくようなこのコンサートに混じっていた。音楽の突風が広場をなぎ払っているかのようだった。教会は巨大なパイプオルガンの外箱と化し、鐘楼は、現実離れしたカウンターのファを出すブルドンかと思われた。

先ほど私は、教会の門は閉まっていたと言ったね。だけど回ってみると、小さな戸口がわずかに開いていたんだ、ちょうどクレーレさんの酒場の正面にある戸口が。闖入者はそこを通ったに違いなかった。まずは司祭さまが、それから、やって来たばかりの教会番がなかに入った。途中、念のため、貝殻形の器に入った聖水に指を浸して十字を切った。続く者たちもそれに倣った。

突然、パイプオルガンはおし黙った。謎のオルガン奏者が弾いていた曲はやみ、四六の和音が暗い丸天井に消えていった。

皆が入ってきたことで演奏者の着想が途切れてしまったのだろうか。そう考えるのが妥当だった。先ほどまで

オクターヴ低い（ないしは高い）音のこと。136）**toute la suite**：「随行する者たち全員」。集合的に扱われ、動詞は 3 人称単数形（fit）で活用している。137）**un accord de quarte et sixte**：「四六の和音」。3 和音の第 2 転回形の別称。ドミソならば下からソドミの順になる和音のこと。138）**couper court à ...**：「〜をやめさせる」。

avait lieu de[139] le croire. Mais, à présent, la nef, naguère pleine d'harmonies, était retombée au silence. Je dis le silence, car nous étions tous muets, entre les piliers, avec une sensation semblable à celle qu'on éprouve quand, après un vif éclair, on attend le fracas de la foudre.

Cela ne dura pas. Il fallait savoir à quoi s'en tenir[140]. Le bedeau et deux ou trois des plus braves se dirigèrent vers la vis qui monte à la tribune, au fond de la nef. Ils gravirent les marches, mais, arrivés à la galerie, ils ne trouvèrent personne. Le couvercle du clavier était rabattu. Le soufflet, à demi gonflé encore de l'air qui ne pouvait s'échapper faute d'issue, restait immobile, son levier en l'air.

Très probablement, profitant du tumulte et de l'obscurité, l'intrus avait pu descendre la vis, disparaître par la petite porte, et s'enfuir à travers la bourgade.

N'importe ! le bedeau pensa qu'il serait peut-être convenable d'exorciser par prudence. Mais

---

139) **Il y a lieu de + 不定法** :「〜をして当然である」。140)
savoir à quoi s'en tenir :「どう対処したらよいか知ってい

レのシャープ君とミのフラットさん

　ハーモニーに満ちていた身廊に、今は静寂が落ちていた。静寂というのも、私たちは皆、柱のあいだで無言でいたからね。まばゆい稲光のあと、雷の大音響を待つときの心境に似ていた。

　それは長くは続かなかった。これからどうするかを決めなければならなかった。教会番と、二、三の勇気ある者が、身廊の奥にある、高壇にあがるための螺旋階段に向かっていった。段を昇るも、回廊に出るとそこには誰もいなかった。鍵盤の蓋は閉じられていた。ふいごは、風の送り先がないために空気が溜まって、まだ半分脹らんだまま動かず、梃子は持ちあがっていた。

　たぶん間違いないと思うけど、闖入者は騒ぎと闇に乗じて螺旋階段を降り、小さな戸口を通って姿を消すと、村を突っきって逃げていったんだ。

　とはいえ！　教会番は念のため悪魔祓いをしたほうがいいと考えた。けれど司祭さまは反対し、それは正し

る」。

M. le Curé s'y opposa, et il eut raison, car il en aurait été pour[141] ces exorcismes.

---

141) **en être pour ...** :「〜を損する」。

レのシャープ君とミのフラットさん

かった。だって悪魔祓いなど骨折り損でしかなかったのだから。

そこには誰もいなかった……（51 ページ）

V

Le lendemain, le bourg de Kalfermatt comptait
un habitant de plus[142] — et même deux. On
put les voir se promener[143] sur la place, aller et
venir le long de[144] la grande rue, pousser une
pointe jusqu'à[145] l'école, finalement, retourner à
l'auberge de Clère, où ils retinrent[146] une
chambre à deux lits, pour un temps dont ils
n'indiquaient point la durée.

« Cela peut être un jour, une semaine, un
mois, un an, avait dit le plus important de ces
personnages, à ce que[147] me rapporta Betty,
lorsqu'elle m'eut rejoint sur la place.

— Est-ce que ce serait l'organiste d'hier ? demandai-je.

— Dame, ça se pourrait, Joseph.

— Avec son souffleur ?..

— Sans doute le gros, répondit Betty.

---

142) **un (deux, trois) ... de plus** :「さらに、ひとつ（2つ、
3つ）の〜」。143) **les voir se promener** : 知覚動詞の構文
→ (39)。ここでは se promener の意味上の主語が人称代名
詞 les になって前置している。144) **le long de ...** :「〜に

5

　翌日、カルフェルマット村にはひとりの──いや、二人の──住人が増えていた。彼らが広場を散策し、大通りを行き来し、学校まで足を伸ばす姿が目撃され、最後にクレーレの宿屋に戻って、ベッドが二台ある部屋をおさえたのだけど、どのくらい滞在するのかははっきりさせなかった。

　「1日かもしれないし、1週間、1ヶ月、1年かもしれないわ」広場で落ち合ったときにベッティは、二人のうちの偉そうなほうがそう言ったと報告してくれた。私は尋ねた。

　「その人が昨日のオルガン弾きなのかな？」

　「ええ、そうでしょうね、ヨーセフ」

　「ふいご人夫と一緒に？」

　「たぶん、あの太っちょがね」ベッティは答えた。

沿って」。145) **pousser une pointe jusqu'à ...** :「～まで足をのばす」。146) **retinrent** : retenir の単純過去。147) **à ce que ...** :「～したところでは」。

M. RÉ-DIÈZE ET MLLE MI-BÉMOL

— Et comment sont-ils ?

— Comme tout le monde. »

Comme tout le monde, c'est évident, puisqu'ils avaient une tête sur leurs épaules, des bras em-
5 manchés à leur torse, des pieds au bout des jambes[148]. Mais on peut posséder tout cela et ne ressembler à personne. Et c'était ce que je reconnus, lorsque, vers onze heures, j'aperçus enfin ces deux étrangers si étranges.

10 Ils marchaient l'un derrière l'autre.

L'un de trente-cinq à quarante ans, efflanqué, maigre, une sorte de grand héron, emplumé d'une grande lévite[149] jaunâtre, les jambes dou-blées d'un flottard[150] étroit du bas et d'où sor-
15 taient des pieds pointus, coiffé d'une large toque avec aigrette[151]. Quelle figure mince, glabre ! Des yeux plissés, petits mais perçants, avec une braise au fond de leur pupille, des dents blanches et aiguës, un nez effilé, une bouche

---

148) **pieds [...] jambes** : pied（m）は足首からした、jambe（f）は足首からうえの部分を指す。日本語にはこの区別がないため意訳した。149) **lévite** :「f. レヴィット」。丈の長いコート。150) **flottard** :「m. フロタール」。北アフリカの植民地で履かれていた長ズボンを指すが、作品執筆時にその呼称が一般

レのシャープ君とミのフラットさん

「どんな様子だった？」

「ほかの人と同じよ」

ほかの人と同じ、それはそうだ。なにしろ肩のうえに頭が載り、上半身に腕がはめこまれ、足には爪先がついていたのだから。ただ、そうだからといって、私たちは互いに似通っちゃいないよね。私はそれを、11 時頃、ついにそのあまりに風変わりな外国人二人を見かけたとき、あらためて知ったよ。

二人は前後に並んで歩いていた。

ひとりは 35 歳から 40 歳ほど。ひょろ長く、痩せていて、大きなアオサギかなにかのようだった。黄色っぽい大きなレヴィット［丈の長いコート］は羽のようで、足を覆う幅広のズボンは裾が狭く、そこから尖ったつま先が出、羽根飾りのついた大きな縁なし帽をかぶっていた。顔は髭がなくつるつるで、とても面長だった！ 皺の寄った目は小さく、だけど刺すようで、瞳の奥に炎を宿している。白く鋭そうな歯、細長い鼻、ぎゅっと結んだ口、三日月のようにしゃくれた顎。そして、なんとい

化していたかは不明。いずれにせよ、flotter（だぶたぶしている）から「幅広のズボン」を指すと思われる。151) **ai-grette**：「f.（帽子の）羽根飾り」。この語には「シラサギ」の意もあり、エッファラーネが喩えられている「アオサギ」はその仲間。

M. RÉ-DIÈZE ET MLLE MI-BÉMOL

serrée, un menton de galoche[152]. Et quelles
mains ! Des doigts longs, longs... de ces doigts
qui sur un clavier peuvent prendre une octave
et demie !

5   L'autre est trapu, tout en épaules, tout en
buste, une grosse tête ébouriffée sous un feutre
grisâtre, une face de taureau têtu, un ventre en
clef de *fa*[153]. C'est un gars d'une trentaine d'années, fort à pouvoir rosser les plus vigoureux de
10 la commune.

Personne ne connaissait ces individus. C'était
la première fois qu'ils venaient dans le pays. Pas
des Suisses, à coup sûr[154], mais plutôt des gens
de l'Est, par delà les montagnes, du côté de la
15 Hongrie. Et, de fait, cela était[155], ainsi que[156]
nous l'[157] apprîmes plus tard.

Après avoir payé une semaine d'avance[158] à
l'auberge Clère, ils avaient déjeuné de grand ap-
pétit, sans épargner les bonnes choses[159]. Et
20 maintenant, ils faisaient un tour, l'un précédant

---

152) **menton de galoche** :「しゃくれた顎」。galoche の元の
意は「f.（底が木でできた）革靴」であり、比喩的表現。
153) **clef de fa** :「f. ヘ音記号」。154) **à coup sûr** :「間違い
なく」。155) **cela est** :「そのとおりである」。156) **ainsi**

—58—

レのシャープ君とミのフラットさん

う手だろう！　指は長く、長く……鍵盤を1オクターヴ半も押さえられそうだった！

　もう一方はずんぐりとした、肩ばかり、胸板ばかりの男で、灰色っぽいフェルト帽のしたからは、大きな頭とぼさぼさの髪が見え、頑固な雄牛のような面構えで、そして、ヘ音記号のような腹をしていた。30歳ほどで、村の力自慢でさえ、のしてしまえそうなほどがっちりしていた。

　この人たちのことは誰も知らなかった。この近辺にやって来たのははじめてだったんだ。スイス人でないのは一目瞭然で、どちらかというと東の、山の向こう、ハンガリーのほうの人間だ。あとでわかったのだけど、実際そのとおりだった。

　1週間分をクレーレさんの宿屋に前払いしたあと、二人は、おいしいものをどんどん持ってこさせ、食欲旺盛に昼食をとった。それから一方が他方を従えて、村をひと回りしていたんだ。のっぽのほうは、ぶらぶらと、あたりを眺め、漫ろに歩き、歌を口ずさんでは、絶えず指を動かしていた。そしてときおり、変わった所作で、手

---

que ... :「〜のように」。157) **le** : 直前の文を受ける中性代名詞→（51）。158) **payer d'avance** :「前払いする」。159) **les bonnes choses** :「おいしいもの」。

M. RÉ-DIÈZE ET MLLE MI-BÉMOL

l'autre, le grand[160) ballant, regardant, baguenau-
dant, chantonnant, les doigts sans cesse en mouvement, et, par un geste singulier, se frappant
parfois le bas de la nuque avec la main, et ré-
5 pétant :

« *La naturel*[161)... *la naturel* !.. Bien ! »

Le gros[162) roulait sur ses hanches[163), fumant
une pipe en forme de saxophone, d'où s'échap-
paient des torrents de fumée blanchâtre.

10 Je les regardais à pleins yeux[164), lorsque le
grand m'avisa et me fit signe d'[165) approcher.

Ma foi[166), j'eus un peu peur, mais enfin je me
risquai, et il me dit d'une voix comme le fausset
d'un enfant de chœur :

15 « La maison du curé, petit ?

— La maison du...... le presbytère ?..

— Oui. Veux-tu m'y conduire ? »

Je pensai que M. le Curé m'admonesterait de
lui avoir amené[167) ces personnes, — le grand

---

160) **le grand** :「背の高い人」。161) **La naturel** :「m.（シャー
プやフラットのついていない）ラ音」。162) **le gros** :「太っ
た人」。163) **rouler sur ses hanches** :「腰を振る」。164) **à
pleins yeux** :「目を大きく開けて」。165) **faire signe à ... de
＋不定法** :「〜に〜するよう合図する」。166) **Ma foi** :「本当

レのシャープ君とミのフラットさん

でうなじのしたを叩くと、こうくり返していた。
「ラ……ラ！　よし！」
　腰を振り振り歩いている太っちょのほうは、サキソフォンの形をしたパイプを吸っていて、白っぽい煙が火口から滝のように溢れ出ていた。
　目を丸くして二人を見ていると、のっぽのほうが私に気づき、近くに来るよう合図した。
　いやはや、私は少し怖かった。けれど、ついに意を決した。のっぽは、合唱団の子どもが出すファルセットのような声で言った。
「おい、坊主、司祭の家はどこだい？」
「家……司祭館のことですか？」
「そうだ。そこに案内してもらえるかい？」
　この人たちを連れていったら司祭さまに叱られるかもしれないと思った――とくに、その視線で私を釘づけに

に」。167）**de lui avoir amené :** de＋不定法の複合形。助動詞（avoir か être）の原形＋過去分詞の形をとり、完了を示す→（128）。性数一致や人称代名詞の位置などの規則は通常の複合形と同じ。

surtout, dont le regard me fascinait. J'aurais voulu refuser. Ce fut impossible, et me voilà filant[168]
vers le presbytère.

Une cinquantaine de pas nous en[169] sépa-
raient. Je montrai la porte et m'ensauvai[170] tout
courant, tandis que le marteau[171] battait trois
croches[172] suivies d'une noire[173].

Des camarades m'attendaient sur la place,
M. Valrügis avec eux. Il m'interrogea. Je racon-
tai ce qui s'était passé. On me regardait... Songez donc ! *Il* m'avait parlé !

Mais ce que je pus dire n'avança pas beaucoup sur ce que ces deux hommes venaient
faire à Kalfermatt. Pourquoi entretenir le curé ?
Quelle avait été la réception de celui-ci[174], et ne
lui était-il pas arrivé malheur[175], ainsi qu'à sa
servante, une vieille d'âge canonique[176] dont la
tête déménageait[177] parfois ?

Tout fut expliqué dans l'après-midi.

---

168) **人称代名詞＋voilà/voici＋分詞**：「そして／ついに～は
～する」。169) **en** = du presbytère. 170) **s'ensauver** = se
sauver. 稀な語。171) **marteau**：「m. ドアのノッカー」。172)
croche：「f. 8分音符」。173) **noire**：「f. 4分音符」。174) **celui-ci** = le curé. 175) **ne lui était-il pas arrivé malheur**：il
ne lui (= au curé) était pas arrivé malheur. を倒置疑問文に

レのシャープ君とミのフラットさん

した、のっぽのほうを。断れるものなら断りたかった。でもそうもできず、私は司祭館に向かってまっしぐらに走っていた。

司祭館まであと 50 歩だった。そこで私は玄関を指さすと、駆け足で逃げた。そのあいだにノッカーが、3つの 8 分音符とひとつの 4 分音符で打ち鳴らされた。

広場では何人かの仲間が私を待っていた。ファルリュギス先生も一緒だった。先生は私に問いかけた。私はことの次第を語った。私は注目の的だった……。なにしろ！　彼に話しかけられたのだから！

二人の男はなんの用事でカルフェルマットに来たのか、私の話は、その理解を大きく助けるには至らなかった。なぜ司祭と話をするのか。どう迎えられ、また、司祭さまになにか悪いことが起こってやしないか。ときどきおつむがお留守になる、女中の婆やにも。

その日の午後にすべてが詳らかになった。

したもの。il arrive … à … で「〜に〜が起こる」の意。il は非人称。176）**âge canonique**：「かなりの年配」。canonique は「教会法の」の意で、原義は「聖職者の家政婦になれる最低年齢（40 歳）の」。177）**déménager**：「頭がおかしい」。比喩的表現で、原義は「引越す」。

M. RÉ-DIÈZE ET MLLE MI-BÉMOL

Ce type bizarre — le plus grand — se nommait Effarane. C'était un Hongrois, à la fois artiste, accordeur, facteur d'orgues, organier[178] — comme on disait — se chargeant des
5 réparations, allant de ville en ville et gagnant de quoi vivre[179] à ce métier[180].

C'était lui, on le devine, qui, la veille, entré par la porte latérale, avec l'autre, son aide et souffleur, avait réveillé les échos de la vieille
10 église, en déchaînant des tempêtes d'harmonie. Mais, à l'entendre[181], l'instrument, défectueux en de certaines parties[182], exigeait quelques réparations, et il offrait de les faire à très bas prix. Des certificats témoignaient de son aptitude aux
15 travaux de ce genre.

« Faites… faites ! avait répondu M. le Curé, qui s'était empressé d'accepter cette offre. Et il avait ajouté :

— Le Ciel soit deux fois béni[183], qui nous en-
20 voie un organier de votre valeur[184], et trois fois

---

178) **facteur d'orgues, organier** : ともに「オルガン職人／オルガン製造業者」。179) **de quoi + 不定法** :「〜する（のに必要な）もの」→ （27）。180) **à ce métier** :「そうした活動で」。181) **à entendre …** :「〜の話によると」。人称代名詞は

— 64 —

レのシャープ君とミのフラットさん

　あの奇怪な輩──のっぽのほう──はエッファラーネ
という名だった。ハンガリー人で、演奏者兼、調律師兼、
パイプオルガン製作者──つまりは──
パイプオルガン職人で、町から町に流れては修理を請け
負い、その仕事で食い扶持を稼いでいた。

　前の日に、もうひとりの、助手であるふいご人夫と一
緒に教会側面の戸口からなかに入り、古い教会のこだま
を目覚めさせてハーモニーの嵐を巻き起こしたのは、察
しのとおり、この男だった。けれど、このエッファラー
ネ師の話によると、パイプオルガンは部品がいくつか故
障していて、少々の修理が必要とのことだった。そして
それを格安でやると申し出ていた。その種の作業を師が
こなせることは、数枚の免状が証明していた。

　「やってくだされ……やってくだされ！」司祭さまは
この申し出に飛びつき、そうお答えになった。また、こ
うもつけ加えて。

　「われらに有能なパイプオルガン職人をお遣わしくだ
さった天よ、幾重にも感謝いたします。おまけにオルガ

---

entendre の前に出る。182) **de certain(e)s ...** :「いくつかの
〜」。de を付すのは文語的。183) **Le Ciel soit [...] béni** =
Dieu soit béni.「天（神）よ讃えられよ／ありがたや」。184)
de votre valeur :「とても価値のある」。

le serait-il[185], s'il nous gratifiait d'[186] un organiste...

— Ainsi ce pauvre Eglisak ?.. demanda maître
Effarane.

5 — Sourd comme un mur[187]. Vous le connais-
siez ?

— Eh ! qui ne connaît l'homme à la fugue ![188]

— Voilà six mois qu'[189] il ne joue plus à
l'église, ni ne professe à l'école. Aussi avons-nous
10 eu[190] une messe sans musique à la Toussaint, et
est-il probable qu'à la Noël ...

— Rassurez-vous, monsieur le Curé, répondit
maître Effarane. En quinze jours[191] les réparations peuvent être achevées, et, si vous le vou-
15 lez, Noël venue[192], je tiendrai l'orgue... »

Et en disant cela, il agitait ses doigts intermi-
nables, il les décraquait[193] aux phalanges, il les
détirait comme des gaines de caoutchouc.

---

185) **le serait-il** : le = béni, il = le Ciel. 感嘆表現のため倒置
されている。être が条件法現在なのは、事実に反する仮定
(s'il nous gratifiait ...) の帰結文であるため→ (33)。186)
gratifier A de B :「A に B を与える」。187) **sourd comme
un mur** : フランス語での一般的な成句は sourd comme un
pot (壺のように耳が聞こえない) だが、そのヴァリエーショ
ンと思われる。188) **qui ne connaît ... !** :「(〜を誰が知らな

ン弾きをお与えくだされば、なおのことよいのですが
……」

「さするに、エグリサック殿は？」エッファラーネ師
が尋ねた。

「金聾なんじゃ。氏をご存じで？」

「ああ！　あの、フーガの男を知らぬ者はいません
や！」

「もう半年も教会で演奏していないし、学校でも教え
ておらん。おかげで万霊節のミサは音楽なしでおこない
ましてな。おそらくクリスマスも……」

「ご安心を、司祭さま。修理は2週間で終わりましょ
う。それで、もしよろしければ、クリスマスの折には、
私めがパイプオルガンをお引き受けいたしましょう」
エッファラーネ師は答えた。

　そう言いながら師は、あの、やたらと長い指を動かし
ていた。骨をぽきぽきと鳴らし、ゴム製の鞘のように
引っぱって。

いものか！）＝当然、知っている」。反語表現。189) **voilà ...
que ...** :「〜前から〜だ」。190) **Aussi ＋ 倒置文** :「それゆえ
〜」。この aussi は接続詞。191) **en quinze jours** :「2週間で」
→（118）。en ＋ 時間で期限を示す。192) **Noël venue** : 絶対
分詞節→（121）。やはり Noël が女性名詞扱いになっている
→（107）。193) **décraquer** ＝ craquer. 稀な語。craquer に、
強意を示す接頭辞 dé がついたものと思われる。

M. RÉ-DIÈZE ET MLLE MI-BÉMOL

Le curé remercia l'artiste en bons termes, et lui demanda ce qu'il pensait de l'orgue de Kalfermatt.

— Il est bon, répondit mètre Effarane, mais
5 incomplet.

— Et que lui manque-t-il donc ? N'a-t-il pas vingt-quatre jeux[194), sans oublier le jeu des voix humaines[195) ?

— Eh ! ce qui lui manque, monsieur le Curé,
10 c'est précisément un registre que j'ai inventé, et dont je cherche à doter ces instruments.

— Lequel ?

— Le registre des voix enfantines, répliqua le singulier personnage en redressant sa longue
15 taille. Oui ! j'ai imaginé ce perfectionnement. Ce sera l'idéal, et alors mon nom dépassera les noms des Fabri[196), des Kleng, des Erhart Smid, des André, des Castendorfer, des Krebs, des Müller, des Agricola, des Kranz, les noms des
20 Antegnati, des Costanzo, des Graziadei, des Serassi, des Tronci, des Nanchinini, des Callido, les

---

194) **jeu**：「m. 音栓」。jeu d'orgue の略。その先の register (m.) も同じ→（123）。195) **le jeu des voix humaines**：「人の声の音栓」。音栓の一種。196) **des Fabri, ...**：すべて実在

レのシャープ君とミのフラットさん

　司祭は演奏家を褒めそやして感謝の意を表わし、それから、カルフェルマットのパイプオルガンをどう思うかと尋ねた。

　「いいものです、ですが完全ではありません」エッファラーネ師は答えた。

　「というと、なにが足りないのですかな？　音栓は 24 あるし、人の声の音栓もちゃんとあるがの？」

　「ああ！　足りないのはですね、司祭さま、それはずばり私が発明した音栓でしてね、私はそいつをあのパイプオルガンにとりつけたいと思っているのですよ」

　「それは？」

　「幼子の声の音栓です」高い上背をぴんと伸ばしながら、その変わった人物は返した。「そうです！　私が思いついた改良です。その音栓によってパイプオルガンは完璧となり、さすれば私の名はファーブリの名をも凌駕することになりましょう。クレング、エアハルト・スミート、アンドレ、カステンドルファー、クレープス、ミュラー、アグリコラ、クランツ、はたまたアンテニャーティ、コスタンツォ、グラツィエデイ、セラッシ、トロンチ、ナンキーニ、カーリド、さらにはセバスチャ

のオルガン職人で、ドイツ人、イタリア人、フランス人の順に並んでいる。

— 69 —

noms des Sébastien Érard, des Abbey, des Cavaillé-Coll... »

M. le Curé dut croire que la nomenclature ne serait pas terminée pour l'heure des vêpres, qui approchait.

Et l'organier d'ajouter[197], en ébouriffant sa chevelure :

« Et si je réussis pour l'orgue de Kalfermatt, aucun ne pourra lui être comparé, ni celui de Saint-Alexandre à Bergame[198], ni celui de Saint-Paul à Londres, ni celui de Fribourg, ni celui de Haarlem, ni celui d'Amsterdam, ni celui de Francfort, ni celui de Weingarten, ni celui de Notre-Dame de Paris, de la Madeleine, de Saint-Roch, de Saint-Denis, de Beauvais... »

Et il disait ces choses d'un air inspiré, avec des gestes qui décrivaient des courbes capricieuses. Certes, il aurait fait peur à tout autre qu'[199] à un curé, qui, avec quelques mots de latin, peut toujours réduire le diable à néant[200].

Heureusement la cloche des vêpres se fit en-

---

197) **et ... de + 不定法**：物語不定法 → (65)。198) **Saint-Alexandre à Bergame, ...**：すべて実在の教会。199) **tout**

レのシャープ君とミのフラットさん

ン・エラール、アベ、カヴァイエ＝コルの名をも……」

　司祭さまはこの人名の羅列が、近づきつつある晩課の時間までに終わらないと思ったに違いない。

　パイプオルガン職人は髪をふり乱しながらつけ加えた。

　「成功の暁には、カルフェルマットのパイプオルガンは比類なきものとなりますぞ。ベルガモはサンタレッサンドロのそれも、ロンドンのセントポール、フライブルク、ハールレム、アムステルダム、フランクフルト、ヴァインガルテン、パリのノートルダム、マドレーヌ、サンロック、サンドゥニ、ボーヴェのパイプオルガンも到底敵いますまい……」

　こうしたことが、でたらめな曲線を描く手の動きとともに、まるでなにかにとり憑かれたかのように発せられた。そう、司祭さまならばラテン語の文句をいくつか唱えるだけで、いつでも悪魔を滅することができるからよかったものの、でなければ誰であっても、あれには恐れをなしただろうね。

　幸い、晩課の鐘の音が聞こえてきた。エッファラーネ

---

autre que ...：「～以外の誰であろうと」。200)
néant：「～を無にする／消し去る」。

M. RÉ-DIÈZE ET MLLE MI-BÉMOL

tendre, et, prenant sa toque dont il frisa l'ai-
grette d'un léger coup de doigt, maître Effarane
salua profondément et vint rejoindre son souffleur sur la place. N'empêche que[201], dès qu'il
5 fut parti, la vieille bonne crut sentir comme une
odeur de soufre[202].

La vérité, c'est que le poële renvoyait.

「それでも ～ だ」。202)

レのシャープ君とミのフラットさん

師は、指で羽根飾りをさっと触って縁なし帽を取ると、深くお辞儀をし、広場にいるふいご人夫のほうに向かっていった。なのに、師が立ち去るや、家政婦の婆やは硫黄のような臭いがしたと思った。

　実際は、その臭いを放っていたのはストーブだったのだけどね。

そのあいだにノッカーが、3つの8分音符と……（63ページ）

VI

Il va de soi que[203], dès ce jour, il ne fut plus question que[204] du grave événement qui passionnait la bourgade. Ce grand artiste, qui avait nom Effarane, doublé d'[205] un grand inventeur, se faisait fort d'[206] enrichir notre orgue d'un registre de voix enfantines. Et alors, à la prochaine Noël, après les bergers et les mages[207] accompagnés par les trompettes[208], les bourdons et les flûtes, on entendrait les voix fraîches et cristallines des anges papillonnant autour du petit Jésus et de sa divine Mère.

Les travaux de réparation avaient commencé dès le lendemain ; maître Effarane et son aide s'étaient mis à l'ouvrage. Pendant les récréations, moi et quelques autres de l'école nous venions les voir. On nous laissait monter à la tribune

---

203) **il va de soi que＋直説法**：「〜は自明である」。204) **ne ... plus que ...**：「もはや〜しか〜でない」。205) **doublé de ...**：「〜を兼ねた」。206) **se faire fort de ...**：「〜する自信がある」。207) **les bergers et les mages**：「羊飼いと博士」。ク

— 74 —

6

　言うまでもなく、村はたちまち、この一大事に沸き、その話題でもちきりになった。偉大な演奏家はエッファラーネという名で、偉大な発明家でもあり、教会のパイプオルガンに幼子の音栓を加えると自信満々でいる。だから次のクリスマスでは、羊飼いと博士がトランペットにブルドン、そしてフルートで伴奏されるだろうし、幼いイエスと聖母のまわりを羽ばたく天使たちが、水晶のごとき爽やかな声を聴かせるはずだと。

　翌日には早くも修理がはじまった。エッファラーネ師と助手は仕事にとりかかっていた。学校の休み時間、私はほかの生徒たちとそれを見学に行ったものだ。邪魔をしないという約束で高壇にあがることも許されてね。外箱はすっかり開けられ、パイプオルガンは基礎だけの状

リスマスになると教会ではイエスの生誕を模型で再現する。mages はイエスの誕生を祝いにきた東方の三博士のこと。208) les trompettes, ... : 3つとも、ここではパイプオルガンの音栓の名称。それぞれの楽器に似た音を出す→（134）。

M. RÉ-DIÈZE ET MLLE MI-BÉMOL

sous condition de[209] ne point gêner. Tout le
buffet était ouvert, réduit à l'état rudimentaire.
Un orgue n'est qu'une flûte de Pan[210], adaptée à
un sommier, avec soufflet et registre, c'est-à-dire
5 une règle mobile[211] qui régit l'entrée du vent.
Le nôtre était d'un grand modèle comportant
vingt-quatre jeux principaux[212], quatre claviers
de cinquante-quatre touches, et aussi un clavier
de pédales pour basses fondamentales[213] de
10 deux octaves. Combien nous paraissait immense
cette forêt de tuyaux à anches ou à bouches[214]
en bois ou en étain ![215] On se serait perdu au
milieu de ce massif touffu ! Et quels noms
drôles sortaient des lèvres du maître Effarane :
15 les doublettes[216], les larigots, les cromornes, les
bombardes, les prestants, les gros nasards !
Quand je pense qu'[217] il y avait des seize-pieds
en bois et des trente-deux-pieds en étain ! Dans

---

209) **sous condition de ...** :「〜の条件で」。210) **une flûte de Pan** :「パンの笛」。パンは、ギリシア神話における牧人と家畜の神で「牧神」とも。笛を吹く姿で知られる。211) **une règle mobile** :「スライダー」。奏者が音栓を操作すると、この装置が動いて指定された管に風が送られる。212) **jeux principaux** :「主要音栓／プリンシパル系音栓」。いくつかの音栓の総称。213) **basses fondamentales** :「根音」。和音の

レのシャープ君とミのフラットさん

態になっていた。そうなるとこの楽器はパンの笛にしか見えず、それが、ふいごと音栓、つまり風穴を律するスライダーとともに、風箱にとりつけられているのだった。私たちの教会のパイプオルガンは大きな型で、24の主要音栓と、54鍵の鍵盤が4つ、加えて、2オクターヴ分の根音を出せるペダル鍵盤を備えていた。木製ないしは錫製の、舌ないしは口がついた管の森、それがどれほど大きく見えたことか！　あの広大な茂みのなかじゃ、迷子になってもおかしくなかった！　そしてエッファラーネ師の唇から飛び出した、ドゥブレット、ラリゴ、クロモルヌ、ボンバルド、プレスタン、グロ・ナザールという、へんてこな名称ときたら！　木製の16フィート管、錫の32フィート管があったなんて！　この管の集まりのなかには学校が丸ごと入ってしまいそう

ベース音。ドミソならばド。214) **tuyaux à anches ou à bouches**：「舌もしくは口のついた管」。あえて文字通りに訳したが、前者を「リード管」、後者を「フルー管」と呼び、パイプオルガンの管はこの二種類に大別される。215) **Combien ... !**：「どれほど〜なことか！」。感嘆表現。216) **les doublettes, ...**：すべて音栓の名称。217) **Quand je pense que＋直説法**：「〜だとは（驚きだ）」。

ces tuyaux-là, on aurait pu fourrer l'école tout[218]
entière et M. Valrügis en même temps !

Nous regardions ce fouillis avec une sorte de
stupéfaction voisine de[219] l'épouvante.

« Hein, disait Hoct, en risquant un regard[220]
en dessous[221], c'est comme une machine à va-
peur...

— Non, plutôt comme une batterie, disait Farina, des canons qui vous jetteraient des boulets
de musique !.. »

Moi, je ne trouvais pas de comparaisons, mais,
quand je songeais aux bourrasques que le
double soufflet pouvait envoyer à travers cet
énorme tuyautage, il me prenait un frisson dont
j'étais secoué pendant des heures.

Maître Effarane travaillait au milieu de ce
pêle-mêle, et sans jamais être embarrassé. En
réalité, l'orgue de Kalfermatt était en assez bon
état et n'exigeait que des réparations peu impor-
tantes, plutôt un nettoyage des poussières de
plusieurs années. Ce qui offrirait plus de difficul-

---

218) **tout**：次にくる entière の強め。女性形にしないこと
に注意→（32）。219) **voisin de ...**：「〜に似た」。ここでは女
性単数名詞の stupéfaction と性数一致している。220) **ris-**

レのシャープ君とミのフラットさん

だった、ファルリュギス先生もおまけに！

　乱雑な管の群を私たちはどこか呆気にとられて眺めていたけれど、それは恐怖心とも紙一重だった。ホークトがパイプオルガンをおそるおそる見ながら言った。

　「へえ、蒸気機関みたいだね……」

　「いや、それより砲台みたいだよ、音楽の弾を発射する大砲の！」とファリーナ。

　私はといえば、どうにも喩えようがなかった。ただ、二台のふいごが巨大な管路に突風を送りこむさまを思うと、ぶるりと身震いがして、何時間も揺さぶられた。

　エッファラーネ師はこのごちゃごちゃした管のなかで、さしたる苦もなく作業を進めていた。実際、パイプオルガンの状態は申し分がなくて、たいした修理も必要とせず、やることといえば積年の埃を払うことくらいだったんだ。難しい点があるとすれば、それは幼子の声

---

quer un regard：「こっそり見る」。221）en dessous：「上目づかいで／こっそりと」。

tés, ce serait l'ajustement du registre des voix enfantines. Cet appareil était là, dans une boîte, une série de flûtes de cristal[222] qui devaient produire des sons délicieux. Maître Effarane, aussi habile organier que merveilleux organiste[223], espérait enfin réussir là où[224] il avait échoué jusqu'alors. Néanmoins, je m'en apercevais, il ne laissait pas que de[225] tâtonner, essayant d'un côté, puis de l'autre[226], et lorsque cela n'allait pas, poussant des cris, comme un perroquet rageur, agacé par sa maîtresse.

Brrrr… Ces cris me faisaient passer des frissons sur tout le corps et je sentais mes cheveux se dresser électriquement sur ma tête.

J'insiste sur[227] ce point que[228] ce que je voyais m'impressionnait au dernier degré. L'intérieur du vaste buffet d'orgue, cet énorme animal éventré dont les organes s'étalaient, cela me tourmentait jusqu'à l'obsession. J'en rêvais[229] la

---

222) **de cristal** :「水晶の」。なお la voix de cristal は「（水晶のような＝）澄んだ声」の意。223) **aussi ... que ...** :「〜であり〜でもある」。224) **là où ...** :「〜であるのに」。ここでは対立のニュアンスがこめられている。225) **ne pas laisser（que）de＋不定法** :「〜せずにはおかない／依然として〜である」。226) **d'un côté, puis de l'autre** :「あっちを（い

レのシャープ君とミのフラットさん

の音栓をどう組みこむかにあるようだった。例の装置は
そこにあった、箱のなかに収まって。ひと揃いの水晶の
笛で、確かに、えもいわれぬ音を放ちそうだった。これ
まではその設置に失敗してきたけれど、巧みなオルガン
職人であり、奇跡のオルガン奏者であるエッファラーネ
師は、今度こそ成功させようとしていた。でも、私は気
づいていたのだけど、作業は依然として手探りの状態
だったんだ。あっちをいじり、こっちをいじり、それで
もうまくいかないと師は、女主人に虐められて怒ったオ
ウムのような叫び声をあげた。

「ブルルル……」その叫び声を聞くたび、私は全身
が震え、髪の毛がびりびりと逆立つのを感じたものだ。

ぜひに言っておきたいのは、私がそこで見たものがあ
まりに衝撃的だったということでね。パイプオルガンの
大きな外箱の内側、その、腹を割かれ、臓腑をさらした
巨獣の姿に私は苛まれ、それがどうしても頭から離れな

じり）、こっちを（いじり）」。l'autre のあとに côté が省略
されている。227) **insister sur ...**：「〜を強調する」。228) **ce
point que ...**：この que 節は ce point の同格で「〜という
点」の意。関係代名詞ではないので注意。229) **rêver de ...**：
「〜の夢を見る」。ここでは de cet énorme animal eventé が
中性代名詞 en となって前置している。

M. RÉ-DIÈZE ET MLLE MI-BÉMOL

nuit, et, le jour, ma pensée y[230] revenait sans
cesse. Surtout la boîte aux voix enfantines, à laquelle je n'eusse pas osé[231] toucher, me faisait
l'effet d'[232] une cage pleine d'enfants, que maître
5 Effarane élevait pour les faire chanter sous ses
doigts d'organiste.

« Qu'as-tu, Joseph ?[233] me demandait Betty.

— Je ne sais pas, répondais-je.

— C'est peut-être parce que tu montes trop
10 souvent à l'orgue ?

— Oui... peut-être.

— N'y va plus, Joseph.

— Je n'irai[234] plus, Betty. »

Et j'y retournais le jour même malgré moi.
15 L'envie me prenait de[235] me perdre au milieu
de cette forêt de tuyaux, de me glisser dans les
coins les plus obscurs, d'y[236] suivre maître
Effarane dont j'entendais le marteau claquer au
fond du buffet. Je me gardais de[237] rien dire

---

230) **y** = à cet énorme animal eventé. 231) **n'eusse pas
osé** : oser の接続法大過去（条件法過去第2形）。「どうあっ
ても〜する気になれなかった」といった感情がこめられてい
る。232) **faire l'effet de ...** :「〜の印象を与える」。233)
Qu'as-tu [...] ? :「どうしたの？」。234) **n'irai** : aller の未来

レのシャープ君とミのフラットさん

くなってしまったんだ。夜には夢に出、昼もそのことばかり考えていた。なかでも幼子の声が入ったあの箱だ。触れるなんてとんでもない話だったし、子どもがたくさん詰めこまれた鳥籠みたいな感じがしていた。その子どもたちをエッファラーネ師が、オルガン奏者の指でもって育て、歌わせるんだ。ベッティは何度か私に尋ねた。

「どうかしたの、ヨーセフ？」

「わからない」私は答えた。

「パイプオルガンにあがってばかりいるからじゃないかしら？」

「うん……そうかも」

「もう行っちゃだめよ、ヨーセフ」

「もう行かないよ、ベッティ」

にもかかわらず、私はその日のうちに舞い戻っていた。管の森を彷徨いたいという気持ちに勝てずに。もっと奥の暗闇に忍びこみたい、師のあとについて、ハンマーの音がしている外箱の底まで行ってみたいと。家ではこのことをいっさい口にしないようにしていた。父も

形や条件法の前に y は置かず省略する。i との母音衝突を避けるため。235) **L'envie prend à ... de + 不定法**：「〜が〜したくなる」。236) **y** = dans les coins les plus obscurs. 237) **se garder de ...**：「〜を控える／〜しないようにする」→ (93)。

M. RÉ-DIÈZE ET MLLE MI-BÉMOL

de[238] tout cela à la maison ; mon père et ma mère m'auraient cru fou.

---

238) **rien dire de ...** :「～についてなにかを言う（ことを控える）」。dire A de B で「B について A を言う」の意。ここでは「～を」が rien となって dire の前に出ている。

レのシャープ君とミのフラットさん

母も、私の頭がおかしくなったと思っただろうからね。

---

rien は否定の文脈（ここでは se garder de）のなかでは「な
にか」の意になる。

VII

Huit jours avant la Noël, nous étions à la
classe du matin, les fillettes d'un coté, les garçons de l'autre. M. Valrügis trônait dans sa
chaire ; la vieille sœur, en son coin, tricotait
avec de longues aiguilles, de vraies broches de
cuisine. Et déjà Guillaume Tell venait d'insulter
le chapeau de Gessler, lorsque la porte s'ouvrit.

C'était M. le Curé qui entrait.

Tout le monde se leva par convenance, mais,
derrière M. le Curé, apparut maître Effarane[239].

Tout le monde baissa les yeux devant le regard perçant de l'organier. Que venait-il faire à
l'école, et pourquoi M. le Curé l'accompagnait-il ?

Je crus m'apercevoir qu'il me dévisageait plus
particulièrement. Il me reconnaissait sans doute,
et je me sentis mal à l'aise[240].

Cependant, M. Valrügis, descendu de sa chaire,
venait de se porter au[241] devant de[242]

---

239) **derrière M. le Curé, apparut maître Effarane** =
maître Effarane apparut derrière M. le Curé. 場所や時間を
示す状況補語が前に出ると倒置が起こりやすい。240) **se**

— 86 —

7

クリスマスまであと一週間となったその日、私たちは午前の授業を受けていた。女の子は女の子、男の子は男の子の席で。ファルリュギス先生は教壇にどんと構えている。その姉のほうは、いつもの片隅で編み物をしていた。料理用の串をそのまま長針にしてね。ウィリアム・テルは早くもゲスラーの帽子に文句をつけていて、教室の戸が開いたのはそのときだった。

入ってきたのは司祭さまだった。

全員が作法どおりに立ちあがった。けれど司祭さまの背後からなんと、エッファラーネ師が現われた。

パイプオルガン職人の射るような視線に全員が俯いた。学校になんの用事があるのだろう、司祭さまはどうして師を連れてきたのだろう。

エッファラーネ師はとりわけ、私のことをじっと見ているような気がした。私のことを覚えているのかもしれず、どうにもばつが悪かった。

そのあいだにファルリュギス先生は教壇から降り、司祭さまの前まで行くと、こう言った。

---

sentir/être mal à l'aise：「居心地が悪い」。241) **se porter à/vers ...**：「〜に／〜のほうへ行く」。242) **au (-)devant de ...**：「〜の前に」。

M. RÉ-DIÈZE ET MLLE MI-BÉMOL

M. le Curé, disant :

« Qu'est-ce qui me procure l'honneur[243] ?..

— Monsieur le Magister, j'ai voulu vous présenter maître Effarane, qui a désiré faire visite
à vos écoliers.

— Et pourquoi ?..

— Il m'a demandé s'il y avait une maîtrise à
Kalfermatt, monsieur Valrügis. Je lui ai répondu
affirmativement. J'ai ajouté qu'elle était excellente du temps où[244] le pauvre Eglisak la[245] dirigeait. Alors maître Effarane a manifesté le désir de l'entendre. Aussi l'ai-je amené[246] ce matin
à votre classe en vous priant de l'excuser. »

M. Valrügis n'avait point à[247] recevoir d'excuses[248]. Tout ce que faisait M. le Curé était
bien fait. Guillaume Tell attendrait cette fois.

Et alors, sur un geste de M. Valrügis, on s'assit. M. le Curé dans un fauteuil que j'allais lui
chercher, maître Effarane sur un angle de la
table des fillettes qui s'étaient vivement reculées

---

243) **l'honneur** :「m.（紹介を受ける）栄誉」。244) **du temps
où …** :「～の時分には」。245) **la** = la maîtrise. 246) **Aussi +
倒置文** :「それゆえ～」 → （190）。247) **n'avoir point/pas à**

— 88 —

レのシャープ君とミのフラットさん

「どういったご用向きでしょうか？」

「エッファラーネ師をお引き合わせしたくてな、先生。子どもたちに会いたいそうなのじゃ」

「どうしてですかな？」

「カルフェルマットの学校に聖歌隊はあるかと尋ねられてな、ファルリュギス先生。あると答えたのじゃよ。それも、あのエグリサックが率いていた頃にはそれは優れた聖歌隊だったとつけ加えて。するとエッファラーネ師は歌を聴きたいとおっしゃった。そこで今朝、教室にお連れしたというわけだ、どうかご容赦願いたい」

ファルリュギス先生は容赦するもしないもなかった。司祭さまがなさることはすべてよいことばかりなのだから。ウィリアム・テルも今日ばかりは待ってくれるだろう。

そして私たちは、ファルリュギス先生の合図で腰をおろした。司祭さまは、私が持っていった肘掛け椅子にお座わりになり、エッファラーネ師は、さっと後ずさりし

＋不定法：「〜する必要はない」。248) **d'excuses**：この de は否定の de.

M. RÉ-DIÈZE ET MLLE MI-BÉMOL

pour lui faire place[249].

La plus rapprochée était Betty, et je vis bien que la chère petite s'effrayait des longues mains et des longs doigts qui décrivaient près d'elle des arpèges aériens.

Maître Effarane prit la parole et, de sa voix perçante, il dit :

« Ce sont là les enfants de la maîtrise ?

— Ils n'en font pas tous partie[250], répondit M. Valrügis.

— Combien ?

— Seize.

— Garçons et filles ?

— Oui, dit le Curé, garçons et filles, et, comme à cet âge ils ont la même voix…

— Erreur, répliqua vivement maître Effarane, et l'oreille d'un connaisseur ne s'y tromperait[251] pas. »

Si nous fûmes étonnés de cette réponse ?[252] Précisément, la voix de Betty et la mienne

---

249) **faire place à ...** :「〜のために場所を空ける／譲る」。
250) **faire partie de ...** :「〜の一員である」。en = de la maîtrise. 251) **s'y tromper** :「見誤る／とり違える」。252) **Si**

— 90 —

レのシャープ君とミのフラットさん

て場所を譲った女の子たちの机の角に座った。

師のいちばん近くにいたのはベッティで、長い手と長い指が、間近で宙にアルペジオを描くさまに恐れをなしていた。

エッファラーネ師が口を開き、射るような声で言った。

「これが聖歌隊の子どもたちですかな？」

「全員がそうではありません」ファルリュギス先生は答えた。

「何人いるのかね？」

「16人」

「男児と女児が？」

「ええ、男児と女児とが。この年では同じ声をしておりますからな……」と司祭。

「否」エッファラーネ師は荒っぽく返した。「玄人の耳は両者をとり違えたりはしまい」

この答えには心底驚かされた。たとえば、ベッティと私は声音がよく似ているので、私たちが話していると、

---

nous fûmes étonnés de cette réponse ?：「（この返事に驚いたかって？＝）この返事にはたいそう驚いた」。si の独立節で、驚きなどの感情を示す。fûmes は être の単純過去。

avaient un timbre si semblable, qu'[253)] on ne pouvait distinguer entre elle et moi, lorsque nous parlions ; plus tard, il devait en être[254)] différemment, car la mue[255)] modifie inégalement le timbre des adultes des deux sexes.

Dans tous les cas, il n'y avait pas à[256)] discuter avec un personnage tel que maître Effarane, et chacun se le tint pour dit[257)].

« Faites avancer les enfants de la maîtrise. » demanda-t-il, en levant son bras comme un bâton de chef d'orchestre.

Huit garçons, dont j'étais, huit filles, dont était Betty, vinrent se placer sur deux rangs, face à face. Et alors, maître Effarane de[258)] nous examiner avec plus de soin que nous ne[259)] l'[260)] avions jamais été du temps d'Eglisak. Il fallut ouvrir la bouche, tirer la langue, aspirer et expirer longuement, lui montrer jusqu'au fond de la gorge les cordes vocales[261)] qu'il semblait vouloir pincer avec ses doigts. J'ai cru qu'il allait nous accorder

---

253) **si ... que ...** :「あまりに〜なので〜だ」。254) **il en est ...** :「事情は〜である」。il は非人称。255) **mue** :「f. 声変わり」。256) **il n'y a pas à + 不定法** :「〜するには及ばない」。257) **se le tenir pour dit** :「言われた通りにする」。258) **et ...**

レのシャープ君とミのフラットさん

誰も二人を区別することができなかったほどだからね。じきに違いが出てくるけど。声変わりで、大人の声音は男女で異なっていくから。

　いずれにしても、エッファラーネ師のような人物に言葉を返すこともないと、言われるがままにしておいた。師は、オーケストラの指揮棒のように腕をあげ、こう要求した。

　「聖歌隊の子どもたちを前に」

　私を含む８人の男児と、ベッティを含む８人の女児とが、向き合う形で二列に並んだ。するとエッファラーネ師は、エグリサックの頃にはついぞなかったほど入念に私たちを検査した。私たちは口を開け、舌を出し、ながながと息を吸ったり吐いたりし、師は指でつまみたいのか、喉の奥の声帯まで見せなければならなかった。ヴァイオリンかチェロのように、私たちの調弦でもはじめる

---

de + 不定法：物語不定法→（65）。259）**plus ... que ne ...**：この ne は虚辞 →（52）。260）**le** = examinés. 中性代名詞の le →（64）。261）**cordes vocales**：「f. pl. 声帯」。

— 93 —

comme des violons ou des violoncelles. Ma foi, nous n'étions rassurés ni les uns ni les autres.

M. le Curé, M. Valrügis et sa vieille sœur étaient là, interloqués, n'osant prononcer une parole[262].

« Attention ! cria maître Effarane. La gamme *d'ut majeur*, en solfiant. Voici le diapason. »

Le diapason ? Je m'attendais à ce qu'[263] il tirât de sa poche une petite pièce à deux branches, semblable à celle du bonhomme Eglisak, et dont les vibrations donnent le *la* officiel, à Kalfermatt comme ailleurs.

Ce fut bien un autre étonnement.

Maître Effarane venait de baisser la tête et, de son pouce à demi fermé, il se frappa d'un coup sec la base du crâne.

O surprise ! sa vertèbre supérieure rendit un son métallique, et ce son était précisément le *la*, avec ces huit cent soixante-dix vibrations nor-

---

262) **une parole** :「ひと言も（言葉を発しない）」という意を強めるため、否定の de を用いず不定冠詞 une を付して

のかと思ったよ。いやはや、どの子もこの子も気が気じゃなかった。

司祭さまとファルリュギス先生、その姉はびっくり仰天してしまい、ひと言も発することができずにいた。エッファラーネ師が怒鳴るように言った。

「よろしいか！　ハ長調の音階を歌いたまえ。音叉はここだ」

音叉？　私は、師がポケットから、ふたつの枝がついた小さな器具をとり出すのを待った。エグリサックさんが持っていたようなやつをね。その振動が、カルフェルマットであろうとどこであろうと、公式なラの音を出すあの器具を。

それはまた新たな驚きだった。

エッファラーネ師は頭をさげると、半分閉じた親指で、自分の頭蓋骨の底をぱちんと叩いたんだ。

ああ、なんと！　すると師の上部椎骨が金属のような音を発した。そしてその音は、標準の振動数870を持

いる。263) s'attendre à ce que＋接続法 :「～することを予期する」。tirât は tirer の接続法半過去。

males[264].

Maître Effarane avait en lui le diapason naturel. Et alors, nous donnant l'*ut*[265], une tierce
mineure au-dessus[266], tandis que son index trem-
blotait au bout de son bras :

« Attention ! répéta-t-il. Une mesure[267] pour
rien ! »

Et nous voici, solfiant[268] la gamme d'*ut*, ascen-
dante d'abord, descendante ensuite.

« Mauvais... mauvais... s'écria maître Effarane,
lorsque la dernière note se fut éteinte[269]. J'entends seize voix différentes et je devrais n'en
entendre qu'une.

Mon avis est qu'il se montrait trop difficile[270],
car nous avions l'habitude de chanter ensemble
avec grande justesse, ce qui[271] nous avait tou-

---

264) **ces huit cent soixante-dix vibrations normales**：「標
準の振動数 870」。ラ音の音高を示す周波数。楽器の調弦な
どに用いる基準音は 1939 年以降、440Hz と定められたが、
それ以前（この作品が書かれた時代）は 435Hz だった。な
おヘルツという単位が用いられるのは 1930 年以降。870Hz
はそれを倍にした数値であり、基準音よりも 1 オクターヴ高
い音となっている。265) **nous donnant l'ut**：現在分詞を用
いた分詞構文。ここでは同時性を示す。266) **une tierce mineure au-dessus**：「短 3 度上」。ドはラから短 3 度上、つま
り半音で 3 つ分うえの音。267) **mesure**：「f. 小節」。1 小節

レのシャープ君とミのフラットさん

つ、正確なラの音だったんだよ。

　エッファラーネ師の体には生まれつき音叉が備わっていたんだ。こうして私たちに、そこから短３度上のドを出し、そのあいだ師の人差し指は腕の先でかすかに震えていた。そして、こうくり返した。

　「よろしいか！　一小節目はなしだ！」

　私たちはハ長調の音階を歌った。まずは上昇し、次に下降して。最後の音が消えるとエッファラーネ師は声を張りあげた。

　「ひどい……ひどい……わしには16の声がばらばらに聞こえる。ひとつの声に聞こえねばならんのに」

　厳しいにも程があると思った。というのも私たちはいつでも、ぴったりの音程で合唱していたし、だからつね

目は指揮者が拍子だけをとり、2小節目から歌いはじめるということ。268) **人称代名詞＋voilà/voici＋分詞**：「そして／ついに ／〜 は 〜 する」→（168）。269) **se fut éteinte**：s'éteindre の前過去。前過去は原則、単純過去（ここでは s'écria）が用いられた主節にかかる lorsque, quand, dès que などの節でのみ用いられ、完了を意味する。270) **se montrer＋形容詞**：「〜の様子だ／態度を示す」。271) **ce qui ...**：この指示代名詞 ce は直前の文を指し、関係代名詞（ここでは qui ）を伴う。

jours valu force[272] compliments.

Maître Effarane secouait la tête, lançait à droite et à gauche des regards de mécontentement. Il me semblait que ses oreilles, douées d'une certaine mobilité, se tendaient comme celles des chiens, des chats et autres quadrupèdes.

« Reprenons ! s'écria-t-il. L'un après l'autre maintenant. Chacun de vous doit avoir une note personnelle, une note physiologique, pour ainsi dire[273], et la seule[274] qu'il devrait jamais donner dans un ensemble[275].

Une seule note — physiologique ! Qu'est-ce que ce mot signifiait ? Eh bien, j'aurais voulu savoir quelle était la sienne, à cet original[276], et aussi celle de M. le Curé, qui en possédait une jolie collection, pourtant, et toutes plus fausses les unes que les autres[277] !

On commença, non sans[278] de vives appréhen-

---

272) **force** :「たくさん」。ここでは副詞で、文語表現。273) **pour ainsi dire** :「いわば」。274) **la seule** :「唯一の音」。note が省略されている。275) **ensemble** :「m. 合唱（団）」。276) **cet original** :「この変わり者」。エッファラーネ師のこ

レのシャープ君とミのフラットさん

に褒め讃えられていたのだから。

エッファラーネ師は頭を振り、不満げな視線を右へ左へと投げつけた。その耳はいくらか動くようで、犬や猫やそのほかの四足動物の耳のように、ぴんと立てることができるみたいだった。師は声を張りあげた。

「もう一度！　今度はひとりずつ。人にはひとりにひとつ自分の音、いうなれば、生理学的な音があって、それが合唱で出していい唯一の音なのだ」

唯一の音──生理学的な！　その語はなにを意味するのだろう。だったら師自身の、この変わり者の音を知りたいものだ。それに司祭さまの音も。どっさりとお持ちのはずだからね。ただ、その音はどれも甲乙つけがたく外れているのだけど！

私たちは歌いはじめた、ひどい不安にかられながら──この怖い男は私たちを折檻するんじゃないか？──

───────────────

と。277) **toutes plus fausses les unes que les autres** : ses notes étaient がこの前に省略されている。よって toutes, fausses, unes, antres はどれも、女性複数形である notes と性数一致している。278) **non sans ...** :「～がないわけでなく」。

sions[279] — le terrible homme n'allait-il pas nous malmener ? — et non sans quelque curiosité de savoir quelle était notre note personnelle, celle que nous aurions à cultiver dans notre gosier comme une plante dans son pot de fleur.

Ce fut Hoct qui débuta, et, après qu'il eut essayé[280] les diverses notes de la gamme, le *sol* lui fut reconnu *physiologique* par maître Effarane, comme étant[281] sa note la plus juste, la plus vibrante de celles[282] que son larynx pouvait émettre.

Après Hoct, ce fut le tour de Farina, qui se vit condamné[283] au *la* naturel à perpétuité[284].

Puis mes autres camarades suivirent ce minutieux examen, et leur note favorite reçut l'estampille officielle de maître Effarane.

Je m'avançai alors.

« Ah ! c'est toi, petit ! dit l'organiste.

Et me prenant la tête, il la tournait et la re-

---

279) **de vives appréhensions**：この de は、不定冠詞 des が「複数形容詞＋複数名詞」についたため de になったもの。non sans は肯定の意味なので否定の de ではない。280) **eut essayé**：essayer の前過去→（269）。主節の fut reccnu（受け身の単純過去）に対応している。281) **comme＋現在分詞**

— 100 —

レのシャープ君とミのフラットさん

同時に、自分の音を知りたいという好奇心のようなもの
にかられながら。植木鉢の草花のように、自分たちの喉
で育てているというその音を。

　一番手はホークトで、エッファラーネ師は音階のさま
ざまな音を試させたあと、ソを彼の生理学的な音とし
た。それがホークトの喉頭が発する音なかでもっとも正
確かつ、もっともよく響く音なのだと。

　ホークトのあとはファリーナの番で、ラが終身音とし
て宣告された。

　続いてほかの仲間も細かな検査を受け、エッファラー
ネ師によって、めいめいの贔屓の音に公式な焼き印が押
されていった。

　そして私が前に出た。オルガン奏者は言った。

　「ああ！　坊主、君か！」

　そして私の頭をつかむと、それを何度もぐるぐると回

：「〜として」。282) **la plus vibrante de celles ...** : de は最上
級表現に付されて「〜のなかで」の意となる。celles = les
notes. 283) **se voir ...** :「〜の状態になる」。284) **condamné
au *la* naturel à perpétuité** : condamner à perpétuité（終身
刑に処す）にかけている。

tournait à me faire craindre[285] qu'il ne finît par la dévisser.

— Voyons ta note, reprit-il.

Je fis la gamme *d'ut à ut* en montant puis en descendant. Maître Effarane ne parut point satisfait. Il m'ordonna de recommencer... Ça n'allait pas... Ça n'allait pas. J'étais très mortifié. Moi, l'un des meilleurs de la manécanterie, est-ce que je serais dépourvu d'une note individuelle ?

— Allons ! s'écria maître Effarane, la gamme chromatique !.. Peut-être y découvrirai-je[286] ta note.

Et ma voix, procédant par intervalles de demi-tons, monte l'octave.

— Bien... bien ! fit l'organiste, je tiens ta note, et toi, tiens-la pendant toute la mesure !

— Et c'est ? demandai-je un peu tremblant.

— C'est le *ré dièze*[287]. »

Et je filais[288] ce *ré dièze* d'une seule haleine[289].

---

285) **à me faire craindre ... ?** :「～でないかと心配するほど」。à＋不定法はさまざまな意味合いを付加するが、ここでは「～するほどまでに」と程度を示している。286) **Peut-être y découvrirai-je** : peut-être が文頭に置かれると倒置する→

レのシャープ君とミのフラットさん

すので、しまいには、ねじのように外れてしまうのではないかとひやひやした。師は続けた。

「さあ君の音はなにかな」

私は、ドからドまでの音階をまずは上昇、次に下降した。エッファラーネ師は不満げだった。私は、もう一度やるよう命じられた……。うまくいかない……。うまくいかなかったんだ。たいへんな屈辱だった。聖歌隊のなかでも最良の歌い手である私としたことが。私には個人の音がないのだろうか？　エッファラーネ師が声を張りあげた。

「ならば！　半音階だ！　たぶんそれで君の音を見つけられるだろう！」

そこで私は半音の音程にとりかかり、1 オクターヴを上昇した。オルガン奏者は言った。

「よし……よし！　君の音を捕まえたぞ。君のほうは、そいつを小節のあいだ手放すんじゃないぞ！」

「それは？」私は少し震えながら尋ねた。

「レのシャープだ」

私は糸をくり出すようにレのシャープをひと息で発声してみた。

---

(190)。287) **dièze**：「m. シャープ」。一般的な綴りは dièse. ヴェルヌ父はこの作品で、ほかにも diapason を diapazon と綴るなどしている。288) **filer**：「糸をくり出すように（＝息継ぎなしに）歌う」。289) **d'une seule haleine**：「ひと息で」。

M. RÉ-DIÈZE ET MLLE MI-BÉMOL

M. le Curé et M. Valrügis ne dédaignèrent pas de[290] faire un signe de satisfaction.

« Au tour des[291] filles ! » commanda maître Effarane.

Et moi je pensai :

« Si Betty pouvait avoir aussi le *ré dièze* ![292] Ça ne m'étonnerait pas[293], puisque nos deux voix se marient si bien ! »

Les fillettes furent examinées l'une après l'autre. Celle-ci eut le *si naturel*, celle-là le *mi naturel*. Quand ce fut à Betty Clère de[294] chanter, elle vint se placer debout, très intimidée, devant maître Effarane.

« Va, petite. »

Et elle alla de sa voix si douce, si agréablement timbrée qu'[295] on eût dit[296] un chant de chardonnerette[297]. Mais, voilà, il en fut de Betty comme de[298] son ami Joseph Müller. Il fallut re-

---

290) **ne pas dédaigner de...** :「(〜するのを軽蔑しない＝）すすんで〜する」。291) **au tour de ...** :「〜の順番で」。ちなみに「塔」の意の tour は女性名詞なので混同しないこと。292) **si＋直説法（半過去）!** : si の独立節で願望の表現→(92). 293) **Ça ne m'étonnerait pas** :「(それは私を驚かせないだろう＝）それも当然だろう」。294) **c'est à ... de＋不定法** :「〜が〜する番だ」→(48)。295) **si ... que ...** :「あまり

— 104 —

レのシャープ君とミのフラットさん

　司祭さまとファルリュギス先生は満足げな顔を隠そうとしなかった。オルガン奏者は命じた。

　「女児の番だ！」

　私はこう考えた。

　「ベッティもレのシャープだったらなあ！　僕たちの声はとてもよく合っているから、そうであっても驚かないけど！」

　女の子たちもひとりずつ検査を受けた。シの子もいれば、ミの子もいた。ベッティ・クレーレは自分が歌う番になると、ひどくおどおどしながら、エッファラーネ師の前に立った。

　「さあ、君だ」

　ベッティはなんとも甘く、心地よく響く声で歌いはじめ、それは、かわいい五色鶸のさえずりのようだった。だけど、そう、彼女もまたヨーセフ・ミュルレと同じだったんだ。あの子の音を見つけるには半音階の助けを

に〜なので〜だ」→（253）。296) **on eût dit**：接続法大過去（条件法過去第2形）→（132）。297) **chardonnerette**：「(f.) 五色鶸」。美しいさえずりで知られる。一般的な綴りは chardonneret（m.）で、これに「小ささ」を意味する接尾辞 -ette を加えた造語か。298) **il en est de ... comme de ...**：「〜も〜も事情は同じである」→（254）。

— 105 —

courir à la gamme chromatique pour lui trouver sa note, et finalement le *mi bémol* finit par lui être attribué.

Je fus d'abord chagriné, mais en y réfléchissant bien je n'eus qu'à[299] m'applaudir. Betty avait le *mi bémol* et moi le *ré dièze*. Eh bien ! est-ce que ce n'est pas identique ?.. Et je me mis à battre des mains.

« Qu'est-ce qui te prend, petit ?[300] me demanda l'organiste, qui fronçait les sourcils.

— Il me prend beaucoup de joie[301], Monsieur, osai-je répondre, parce que Betty et moi nous avons la même note...

— La même ?.. s'écria maître Effarane.

Et il se redressa d'un mouvement si allongé, que son bras toucha le plafond.

— La même note ! reprit-il. Ah ! tu crois qu'un *ré dièze* et un *mi bémol*, c'est la même chose, ignare que tu es, oreilles d'âne que tu mérites ![302].. Est-ce que c'est votre Eglisak qui vous apprenait de telles stupidités ? Et vous

---

299) **n'avoir qu'à + 不定法** :「〜しさえすればよい」。300) **Qu'est-ce qui te prend [...] ?** :「(なにが君を捕らえているのか？＝）どうしたっていうんだ？」。301) **Il me prend beau-**

レのシャープ君とミのフラットさん

借りなければならなかった。そしてついにミのフラット
がベッティに割りあてられた。

　私ははじめ、それでがっかりしたのだけど、よくよく
考えてみれば、喜べばいいだけの話だった。ベッティは
ミのフラットで私はレのシャープ。ならば！　つまりは
同じということじゃないか。私は手を叩きはじめた。そ
の私に、眉をひそめながらオルガン奏者が尋ねた。

　「どうしたっていうんだ、坊主？」

　「とっても嬉しいんです。だってベッティと僕は同じ
音だから……」私は恐れ多くもそう答えた。

　「同じだと？」エッファラーネ師は声を張りあげた。

　そして身を起こすと、こう続けた。背丈をあまり高く
伸ばすので、天井に腕がついてしまった。

　「同じ音だと！　ああ！　レのシャープとミのフラッ
トが同じだと思っているとは、なんと物知らずな、お前
の耳は驢馬の耳か！　そんなばかげたことを教えたのは
エグリサックか？　あなたはそれを許してきたのか、司

---

coup de joie：il は非人称で、意味上の主語は beaucoup de
joie. 302)**名詞／形容詞＋que＋直説法**：「なんて〜なんだ／
まさに〜だ！」。感嘆表現。

— 107 —

souffriez cela. Curé ?.. Et vous aussi, Magister…
Et vous de même[303], vieille demoiselle !..

La sœur de M. Valrügis cherchait un encrier
pour le lui jeter à la tête. Mais il continuait en
5 s'abandonnant à tout l'éclat de sa colère.

— Petit malheureux, tu ne sais donc pas ce
que c'est qu'[304] un comma, ce huitième de
ton[305] qui différencie le *ré dièze* du *mi bémol*, le
la dièze du *si bémol*, et autres ? Ah ça ! est-ce
10 que personne ici n'est capable d'apprécier des
huitièmes de ton ! Est-ce qu'il n'y a que des
tympans parcheminés, durcis, racornis, crevés
dans les oreilles de Kalfermatt ?

On n'osait pas bouger. Les vitres des fenêtres
15 grelottaient sous la voix aiguë de maître
Effarane. J'étais désolé d'avoir provoqué cette
scène, tout triste qu'entre la voix de Betty et la
mienne il y eût[306] cette différence, ne fût-elle
que[307] d'un huitième de ton. M. le Curé me fai-

---

303) **de même** :「同様に」。304) **ce que c'est que …** :「～が
なんであるか」。305) **un comma, ce huitième de ton** :「コ
ンマ、8分音」。半音のさらに半音の半音。306) **eût** : avoir
の接続法半過去。(J'étais) tout triste que という感情表現中

— 108 —

レのシャープ君とミのフラットさん

祭？　そして先生、あなたも……。同じく、行き遅れの
あなたも！」

　ファルリュギス先生のお姉さんは、インク壺を師の頭
めがけて投げつけようとした。けれど師は、怒りが炸裂
するに任せて言葉を続けていた。

　「かわいそうな子だ、ではコンマとはなにかを知らん
のだな。レのシャープとミのフラット、ラのシャープと
シのフラット、等々を違える8分音を？　ああ、なんと
も！　ここには8分音を聞きとれる者がいないのか！
鼓膜は羊皮紙でできていて、硬く、干からびて、破れて
いるのか。カルフェルマットにはそんな耳をした者しか
いないのか？」

　私たちは動けなくなってしまった。エッファラーネ師
の甲高い声に、窓ガラスがびりびりと震えていた。こん
な場面をひき起こしてしまったことで私は、いたたまれ
ない気持ちになっていた。それにベッティの声と私の声
とのあいだに、たとえ8分音に過ぎなくても、違いがあ
ることが悲しかった。司祭さまは私に目を剥き、ファル

の que 節内にあり、主節が過去時制であるため。307）**ne
fût-elle que ...** :「たとえ〜にすぎなくとも」。elle = cette différence.

M. RÉ-DIÈZE ET MLLE MI-BÉMOL

sait de gros yeux[308)], M. Valrügis me lançait des
regards...

Mais l'organiste de[309)] se calmer soudain, et de
dire :

5　— Attention ! Et chacun à son rang dans la
gamme !

Nous comprîmes ce que cela signifiait, et chacun alla se placer suivant sa note personnelle,
Betty à la quatrième place en sa qualité de *mi*
10 *bémol*, et moi après elle, immédiatement après
elle, en qualité de *ré dièze*. Autant dire que[310)]
nous figurions une flûte de pan, ou mieux[311)] les
tuyaux d'un orgue avec la seule note que chacun d'eux peut[312)] donner.

15　— La gamme chromatique, s'écria maître Effarane, et juste. Ou sinon !..

On ne se le fit pas dire deux fois[313)]. Notre
camarade, chargé de l'*ut* commença ; cela sui-
vit ; Betty donna son *mi bémol*, puis moi mon

---

308) **faire de gros yeux à ...** :「～を睨みつける」。faire les
gros yeux à ... のほうが一般的。309) **(et) ... de＋不定法** :
物語不定法→（65）。310) **autant dire que ...** :「～のような
ものだ」。311) **..., mieux ...** :「～である。それどころか～だ」。
312) **peut** : 先行詞に seul が付されると関係節の動詞は接続
法になるが→（12）、それは「唯一の」という断定を緩和す

— 110 —

レのシャープ君とミのフラットさん

リュギス先生からは睨みつけられた……。

　オルガン奏者はそれに構わず、突然おとなしくなると、こう言った。

　「よろしいか！　全員、音階のなかの自分の位置につけ！」

　それがなにを意味しているのか私たちは理解し、めいめいが自分の音の位置についた。ベッティはミのフラットとして４番目に、私はレのシャープとして彼女のあと、そのすぐあとに。私たちはパンの笛になっていた。もっと言えば、めいめいが１音だけを出す、パイプオルガンの管のようだった。エッファラーネ師が大声で言った。

　「半音階を、正確にな。さもなくば！」

　二度は言わせなかった。ドを担当する仲間がはじめ、残りの者があとに続いた。ベッティはミのフラットを、次に私はレのシャープを。オルガン奏者の耳はどうも、その違いを聞きとっているらしい。私たちは続けざまに

るためである。一方、ここでは「ひとりにひとつの音があること」が（少なくともこの物語では）絶対的な事実として捉えられている。よって直説法が用いられている。313) **ne pas se le faire dire deux fois**：「二度と言わせない／言われたことをすぐやる」。

— 111 —

M. RÉ-DIÈZE ET MLLE MI-BÉMOL

ré dièze, dont les oreilles de l'organiste, paraît-il, appréciaient la différence. Après être monté, on redescendit trois fois de suite[314].

Maître Effarane parut même assez satisfait.

— Bien, les enfants ! dit-il. J'arriverai à faire de vous un clavier vivant[315] !

Et, comme M. le Curé hochait la tête d'un air peu convaincu.

— Pourquoi pas ? répondit maître Effarane. On a bien fabriqué un piano avec des chats, des chats choisis pour le miaulement qu'ils poussaient quand on leur pinçait la queue ! Un piano de chats, un piano de chats ! répéta-t-il.

Nous nous mîmes[316] à rire, sans trop savoir si maître Effarane parlait ou non sérieusement. Mais, plus tard, j'appris qu'il avait dit vrai, en parlant de ce piano de chats qui miaulaient lorsque leur queue était pincée par un mécanisme ! Seigneur Dieu ! Qu'est-ce que les humains n'inventeront pas ![317]

Alors, prenant sa toque, maître Effarane salua,

---

314) **de suite** :「続けざまに」。315) **faire A de B** :「B を A にする」。この例のように A と de B の位置は入れ替わることがある。316) **mîmes** : mettre の単純過去。317) **Qu'est-**

レのシャープ君とミのフラットさん

3度、上昇と下降をくり返した。

エッファラーネ師は満更でもなさそうだった。そして言った。

「いいぞ、子どもたち！　これなら君たちで生きた鍵盤をつくれそうだ！」

司祭さまが、腑に落ちないといったご様子で頷かれたので、エッファラーネ師は答えた。

「おかしな話じゃありませんぜ。猫でピアノをつくった輩がおりますからな。猫の尾っぽを挟むと、にゃーと鳴きますな。その声で猫を選びましてね！　猫ピアノですよ、猫ピアノ！」そうくり返した。

私たちは笑いだした。エッファラーネ師が冗談を言っているのかどうか半信半疑のまま。けれど、あとで知ったのだけど、師は本当のことを言っていたんだよ。機械仕掛けで尾っぽを挟んで、鳴き声を出させる猫ピアノは本当の話だったんだ！　神さま！　人に発明できないものなどないのでしょうか！

するとエッファラーネ師は縁なし帽を取り、お辞儀を

---

ce que les humains n'inventeront pas !：「（人間はなにを発明しないのだろうか！＝）人間はなんでも発明してしまう」。反語表現。

M. RÉ-DIÈZE ET MLLE MI-BÉMOL

tourna sur ses talons et sortit, en disant :

« N'oubliez pas votre note, surtout toi, monsieur *Ré-dièze*, et toi aussi, mademoiselle *Mi-bémol* ! »

5   Et le surnom nous en[318] est resté.

---

318) **en** :「そういったわけで」。特定の語ではなく、前文の内容を受ける中性代名詞の en.

レのシャープ君とミのフラットさん

すると、踵を軸に回転して出ていった。こう言いながらね。

「自分の音を忘れなさんな。とくに君だ、レのシャープ君、そして、あなたも、ミのフラットさん！」

こうしてその綽名が私たちに残ったというわけなのさ。

さあ、君だ……（105ページ）

— 115 —

VIII

Telle fut la visite de maître Effarane à l'école
de Kalfermatt. J'en[319] étais demeuré très vivement impressionné. Il me semblait qu'un *ré dièze*
vibrait sans cesse au fond de mon gosier.

Cependant les travaux de l'orgue avançaient.
Encore huit jours, et nous serions à la Noël.
Tout le temps que[320] j'étais libre, je le[321] passais
à la tribune. C'était plus fort que moi. J'aidais
même de mon mieux[322] l'organier et son souffleur dont on ne pouvait tirer une parole. Maintenant les registres étaient en bon état, la soufflerie prête[323] à fonctionner, le buffet remis à
neuf[324], ses cuivres reluisant[325] sous la pénombre
de la nef. Oui, on serait prêt pour la fête, sauf
peut-être en ce qui concernait le fameux appareil des voix enfantines.

---

319) **en** = de sa visite. impressionné にかかっている。320)
tout le temps que ... : le temps の同格を導く que 節 →
(228)。321) **le** = tout le temps que j'étais libre. 322) **de
mon mieux** :「私のできるかぎり」。323) **la soufflerie prête**
: 前文の les registres étaient en bon état と同じ構文なので

8

これが、エッファラーネ師によるカルフェルマットの
学校訪問の顛末でね。このときの強烈な印象はいつまで
も頭に残っていた。喉の奥ではレのシャープが絶えず震
えているような気がしていたよ。

　そのあいだにもパイプオルガンの作業は進んでいた。
クリスマスまであと1週間。私は暇さえあれば高壇で過
ごしていた。もうそうせずにはいられなくてね。私は自
分のできる範囲で、オルガン奏者と、そして、一語たり
と言葉を引き出せないふいご人夫の手伝いさえした。今
や音栓の状態は良好、ふいごはいつでも動かせ、外箱は
新品のようで、銅製の管は身廊の薄闇のなかで煌めいて
いた。そう、祝祭の準備はもうできていたんだ、おそら
く、あの幼子の声の装置に関すること以外は。

---

la soufflerie と prête のあいだの était が省略されている。
次の le buffet と remis のあいだも同様。324) **à neuf**：「新
品のように」。325) **ses cuivres reluisant**：reluisant が形容
詞ならば cuivres と性数一致する。していないことから
reluire の現在分詞と解せる。

— 117 —

M. RÉ-DIÈZE ET MLLE MI-BÉMOL

En effet, c'est par là que le travail clochait[326]. Cela ne se voyait[327] que trop[328] au dépit de[329] maître Effarane. Il essayait, il réessayait... Les choses ne marchaient pas. Je ne sais ce qui manquait à son registre, lui non plus. De là un désappointement qui se traduisait par de violents éclats de colère. Il s'en prenait à[330] l'orgue, à la soufflerie, au souffleur, à ce pauvre *Ré-dièze* qui n'en pouvait mais[331] ! Des fois, je croyais qu'il allait tout briser, et je m'ensauvais[332]... Et que dirait la population Kalfermatienne déçue dans son espérance, si le Grand annuel majeur[333] n'était pas célébré avec toutes les pompes qu'il comporte ?

Ne point oublier que[334] la maîtrise ne devait pas chanter à cette Noël-là, puisqu'elle était désorganisée, et qu'on serait réduit au jeu de l'orgue.

Bref, le jour solennel arriva. Pendant les der-

---

326) **clocher**：「（足を引きずる＝）うまくいかない」。名詞ならば「m. 教会の鐘楼」の意。327) **cela/ça se voit**：「見ればすぐにわかる」。328) **ne ... que trop**：「十分すぎるほどに〜だ」。329) **dépit**：「m. 悔しさ」。en dépit de ... は「〜にもかかわらず」の意。330) **s'en prendre à ...**：「〜を責める」。331) **n'en pouvoir mais**：「自分ではどうしようもない」。

レのシャープ君とミのフラットさん

　実際、作業がつまずいていたのはそこだった。エッファラーネ師の悔しがりようからそれは手に取るようにわかった。師はあれを試し、これを試ししていた……。けれど、ことはうまく運ばなかった。音栓になにが足りないのか私にはわからず、師にもわからなかった。落胆ぶりは、怒りを爆発させるという形で表に出た。師はそれをパイプオルガンのせいにし、ふいごのせいにし、ふいご人夫のせいにし、そして、どうすることもできないレのシャープのせいにした！　師がなにもかもぶち壊してしまうのではないかと思い、逃げだしたことも何度かあった……。年に一度の大切な行事のお祝いに、しかるべき壮麗な響きがなかったら、ぬか喜びをしたカルフェルマットの人々はなんと言うだろうか。

　そしてもちろん今年のクリスマスには聖歌隊の歌もない。解散しているのだし、パイプオルガンの音栓になりさがっているだろうからね。

　とまれ、その荘厳な日はやって来た。残された24時

332）**s'ensauver** ＝ se sauver → （170）。333）**Grand annuel majeur**：「年に一度の重要な大行事」。つまりクリスマスのこと。annuel は通常、形容詞だが、ここでは「年に一度のこと」と名詞化して用いられている。334）**ne point oublier que＋直説法**：「そしてもちろん～だ」。

M. RÉ-DIÈZE ET MLLE MI-BÉMOL

nières vingt-quatre heures, maître Effarane, de
plus en plus désappointé, s'était abandonné à de
telles fureurs qu'[335] on pouvait craindre pour[336]
sa raison. Lui faudrait-il donc renoncer à ces
voix enfantines ? Je ne savais, car il m'épouvan-
tait à ce point que[337] je n'osais plus remettre
les pieds dans la tribune, ni même dans l'église.

Le soir de la Noël, d'habitude[338] on faisait coucher les enfants dès le crépuscule, et ils dor-
maient jusqu'au moment de l'office. Cela leur
permettait de rester éveillés pendant la messe
de Minuit. Donc, ce soir-là, après l'école, je re-
conduisis jusqu'à sa porte la petite *Mi-bémol*. —
J'en étais venu à[339] l'appeler ainsi.

« Tu ne manqueras[340] pas la messe, lui dis-je.

— Non, Joseph, et toi n'oublie pas ton paroissien[341].

— Sois tranquille ! »

Je revins à la maison où l'on[342] m'attendait.

« Tu vas te coucher, me dit ma mère.

---

335) **tel(le)(s) ... que ...** :「あまりに〜なので〜だ」。336)
craindre pour ... :「〜を気に懸ける」。337) **... à ce point
que＋直説法** :「〜するほど〜だ」。338) **d'habitude** :「普段
は」。339) **en venir à＋不定法** :「〜するに至る」。340) **man-**

レのシャープ君とミのフラットさん

　間のあいだ、エッファラーネ師は落胆につぐ落胆をくり返しては激憤にかられ、あまりのことに、皆がその正気を疑うほどだった。師はもう、幼子の音栓をあきらめるしかないのだろうか。私にはわからなかった。なにせ、師が怖くて怖くて、とてもじゃないけど高壇に足を踏み入れることができなくなってしまったんだ、教会にさえ。

　クリスマスの晩は、日が暮れはじめるとすぐに子どもたちを寝かしつける習慣があった。そして礼拝のときまで眠るんだ。そうすれば夜半のミサのあいだ起きていることができるからね。その日の夕方、学校のあと、ミのフラット——私はベッティのことをそう呼ぶようになっていた——を家の玄関まで送っていった。私は言った。

　「必ずミサに来るようにね」

　「わかったわ、ヨーセフ。あなたは祈祷書を忘れないように」

　「大丈夫だよ！」

　私は家族が待つ家に帰った。母が言った。

　「ベッドに行きなさい」

---

queras：manquer の未来形。未来形は軽い命令としても用いられる。341）**paroissien**：「m. 祈祷書」。342）**où l'on**：l'は母音衝突を避ける、あるいは音を整えるために付されている。que l'on なども同様。

M. RÉ-DIÈZE ET MLLE MI-BÉMOL

— Oui, répondis-je, mais je n'ai pas envie de dormir.

— N'importe !343)

— Pourtant...

5 — Fais ce que dit ta mère, répliqua mon père, et nous te réveillerons lorsqu'il sera temps de te lever. »

J'obéis, j'embrassai mes parents et je montai à ma chambrette. Mes habits propres étaient po-

10 sés sur le dos d'une chaise, et mes souliers cirés auprès de344) la porte. Je n'aurais qu'à345) mettre tout cela au saut du lit346), après m'être lavé347) la figure et les mains.

En un instant, glissé sous mon drap, j'éteignis

15 la chandelle, mais il348) restait une demi-clarté à cause de la neige qui recouvrait les toits voisins.

Il va sans dire que349) je n'étais plus d'âge à350) placer un soulier dans l'âtre, avec l'espoir d'y trouver un cadeau de Noël. Et le souvenir

---

343) **N'importe !**：「（寝たいかどうか、それは）どうでもいい ！」。344) **mes souliers cirés auprès de**：mes souliers cirés と auprès de のあいだに étaient が省略されている → （323）。345) **n'avoir qu'à + 不定法**：「～しさえすればよい」→ （299）。346) **au saut du lit**：「起きぬけに」。347) **après m'être lavé**：après + 不定法の形では、不定法を複合

レのシャープ君とミのフラットさん

「うん。だけど、まだ寝たくないんだ」私は答えた。

「それでもよ！」

「だけど……」

「母さんの言うことを聞くんだ、時間になったら起こすから」父が返した。

　私は従い、両親にキスをすると、小さな寝室にあがっていった。清潔な服が椅子の背にかかり、蝋引きされた靴が戸口の近くに並んでいた。ベッドから出たら、顔と手を洗い、あとはそれを身につけるだけでいいようになっていた。

　すぐにシーツのしたに滑りこみ、蝋燭を消した。だけどお隣の家の屋根を覆っている雪のおかげで、あたりはまだ、ほのかに明るかった。

　言うまでもないけれど、私はもう、クリスマスの贈り物を期待して、暖炉のうえに靴を置いておくような年頃ではなかった。思い出が蘇る。あの頃はよかった。そし

形にする→（167）。「〜のあと」の意なので、行為が完了しているため。ここでは代名動詞であるため助動詞が être になっている。また「身体の一部を〜する」の表現にも注意（→ 125）。348）**il**：非人称の il で、意味上の主語は une demi-clarté. 349）**Il va sans dire que**＋**直説法**：「〜は言うまでもない」。350）**être d'âge à**＋**不定法**：「〜する年齢である」。

M. RÉ-DIÈZE ET MLLE MI-BÉMOL

me reprit que[351] c'était là le bon temps, et qu'il
ne reviendrait plus. La dernière fois, il y avait[352]
trois ou quatre ans, ma chère *Mi-bémol* avait
trouvé une jolie croix d'argent dans sa pantoufle... Ne le dites pas, mais c'est moi qui l'y
avais mise[353] !

Puis ces joyeuses choses s'effacèrent de mon
esprit. Je songeais à maître Effarane. Je le
voyais assis près de moi, sa longue lévite, ses
longues jambes, ses longues mains, sa longue figure... J'avais beau fourrer[354] ma tête sous mon
traversin, je l'apercevais toujours, je sentais ses
doigts courir le long de mon lit...

Bref, après m'être tourné et retourné[355], je
parvins à m'endormir.

Combien de temps dura mon sommeil ? je
l'ignore. Mais tout à coup, je fus brusquement
réveillé, une main s'était posée sur mon épaule.

« Allons, *Ré-dièze !* me dit une voix que je
reconnus aussitôt.

---

351) **que ...** : 次の et que … の節とともに le souvenir の同
格。352) **il y avait ...** :「（今から）～前に」を意味する il y
a という副詞句がよく用いられるが、ここでは avoir が半過
去になって文をなしている。その場合も経過時間を示す（贈
り物をもらった最後の年からその年のクリスマスまでのあい

レのシャープ君とミのフラットさん

て、それは戻らない。最後は 3、4 年前、私のミのフラットが部屋履きのなかに、かわいい銀の十字架を見つけたことがあったっけ……。それは、ここだけの話、私が入れておいたのだけどね！

やがて、そうした楽しい出来事は脳裏から消え去った。エッファラーネ師のことを考えていたんだ。と、師が私の横に座っていた。あの長いレヴィット、長い足、長い手、長い顔……。枕のしたに頭を突っこんでも無駄だった。それでも師はまだそこにいて、指をベッドのあちこちに這わせている……。

とまれ、何度も寝返りを打った末に私はなんとか眠りについた。

どのくらい眠っていたのだろう。それはわからない。けれど突然、私は乱暴に起こされた。肩に手が置かれていた。声がする。

「行くぞ、レのシャープ！」すぐに誰だかわかった。

だに 3, 4 年が過ぎていた）。353) **l'y avait mise** : l' = la jolie croix d'argent であり、それに性数一致して mis に e がついている→（16）。y = dans sa pantoufle. 354) **avoir beau ＋不定法** :「～しても無駄だ」。355) **après m'être tourné et retourné** : après＋不定法複合形→（347）。

M. RÉ-DIÈZE ET MLLE MI-BÉMOL

C'était la voix de maître Effarane.

— Allons donc, *Ré-dièze*... il est temps... Veux-tu donc manquer la messe ?

J'entendais sans comprendre.

5　— Faut-il donc que je te tire du lit, comme on tire le pain du four ?

Mes draps furent vivement écartés. J'ouvris mes yeux, qui furent éblouis par la lueur d'un fanal, pendu au bout d'une main...

10　De quelle épouvante je fus saisi[356] !.. C'était bien maître Effarane qui me parlait.

— Allons, *Ré-dièze*, habille-toi.

— M'habiller ?..

— À moins que[357] tu ne veuilles aller en che-
15 mise à la messe ! Est-ce que tu n'entends pas la cloche ?

En effet, la cloche sonnait à toute volée[358].

— Dis donc[359], *Ré-dièze*, veux-tu t'habiller ?

Inconsciemment, mais en une minute[360], je fus
20 vêtu. Il est vrai, maître Effarane m'avait aidé, et ce qu'il faisait, il le faisait vite.

---

356) **être saisi de ...** :「～の感情に襲われる」。ここでは de 以下が、de＋疑問形容詞＋名詞の形で文頭に出ている。357) **à moins que＋接続法（虚辞の ne が入る）**：「～でなければ／

レのシャープ君とミのフラットさん

それはエッファラーネ師の声だった。

「やれやれ、レのシャープ……時間だ……ミサに出ないつもりか？」

聞こえはしても意味は頭に入ってこなかった。

「ベッドから引っぱり出さなきゃならんのか、窯のパンじゃあるまいに？」

シーツが荒々しく払いのけられた。目を開けると、手の先に吊されている角灯の光が眩しかった……。

どれだけ怖かったことか！　私に話しかけているのはエッファラーネ師その人だった。

「行くぞ、レのシャープ、着替えよ」

「着替える？」

「寝間着のままミサに行く気か！　鐘の音が聞こえないのか？」

確かに鐘が連打されていた。

「ほらほら、レのシャープ、着替えないか？」

知らず知らずのうちに、だけど一瞬で私は服を着た。もっともエッファラーネ師が手伝ってくれたのだけど。師は物事を急ぎやる。そして角灯をふたたび手に取ると言った。

でなかったら〜だろう」。358) **à toute volée**：「勢いよく」。359) **Dis donc**：「さあさあ」。360) **en une minute**：「1分間で」。en＋時間で期限、所要時間を示す→（191）。

M. RÉ-DIÈZE ET MLLE MI-BÉMOL

— Viens, dit-il, en reprenant sa lanterne.

— Mais, mon père, ma mère ?.. observai-je[361]...

— Ils sont déjà à l'église. »

Cela m'étonnait qu'ils ne m'eussent point at-
5 tendu[362]. Enfin, nous descendons. La porte de la
maison est ouverte, puis refermée, et nous voilà
dans la rue[363].

Quel froid sec ! La place est toute blanche, le
ciel tout épinglé d'astres. Au fond se détache
10 l'église[364], et son clocher dont la pointe semble
allumée d'une étoile.

Je suivais maître Effarane. Mais au lieu de se
diriger vers l'église, voici qu'[365] il prend des
rues, de-ci, de-là[366]. Il s'arrête devant des mai-
15 sons dont les portes s'ouvrent sans qu[367]'il ait
besoin d'y frapper[368]. Mes camarades en[369]
sortent, vêtus de leurs habits de fête, Hoct, Farina, tous ceux qui faisaient partie de la maîtrise. Puis c'est le tour des fillettes, et, en pre-

---

361) **observai-je** :「（気づいて）言った／指摘した」→（8）。
362) **Cela m'étonnait qu'ils ne m'eussent point attendu** :
cela が形式上の主語として先行し、que 節が意味上の主語。
また主節が感情を示す表現（étonner）の過去時制で、「待た
なかった」と行為は完了しているため、attendre が接続法
大過去になっている。363) **人称代名詞＋voilà／voici＋状況**

レのシャープ君とミのフラットさん

「来い」

「でも、父さんと母さんは？」と私。

「もう教会だ」

二人が私を待たずに出かけたことが驚きだった。とうとう私たちは階下に降りた。家の戸口が開き、閉じ、そして通りに出た。

きりりとした寒さだった！　広場は真っ白で、星々が空にピン止めされていた。遠くに教会がくっきりと見え、鐘楼の先端に星が灯っているかのようだった。

私はエッファラーネ師のあとをついて行った。だけど師は、教会に向かう代わりに、あちらこちらの通りを進んでいく。師が家の前で足を止めると、戸口はノックなどせずとも開く。そこから礼服を着た学校の仲間たち、ホークト、ファリーナ、聖歌隊の団員たちがぞろぞろと出てくる。続いて女の子の番で、はじめはミのフラット

補語：「～は～にいる」→（168）。364）**Au fond se détache l'église** = L'église se détache au fond. →（239）。365）**voici que ...**：「すると～」→（84）。366）**de-ci, de-là**：「あてずっぽうに」。367）**sans que＋接続法**：「～なしで」。368）**frapper à la porte**：「ドアをノックする」。ここでは aux portes が y で置き換えられている。369）**en** = des portes.

— 129 —

mier lieu, ma petite *Mi-bémol*. Je la prends par la main.

« J'ai peur ! » me dit-elle.

Je n'osais répondre : « Moi aussi ! » par crainte de[370] l'effrayer davantage. Enfin, nous sommes au complet[371]. Tous ceux qui ont leur note personnelle, la gamme chromatique tout entière, quoi[372] !

Mais quel est donc le projet de l'organiste ? A défaut de[373] son appareil de voix enfantines, est-ce qu'il voudrait former un registre avec les enfants de la maîtrise ?

Qu'on le veuille ou non[374], il faut obéir à ce personnage fantastique, comme des musiciens obéissent à leur chef d'orchestre, lorsque le bâton frémit entre ses doigts. La porte latérale de l'église est là. Nous la franchissons deux à deux[375]. Personne encore dans la nef[376] qui est froide, sombre, silencieuse. Et lui qui m'avait dit que mon père et ma mère m'y attendaient !.. Je

---

370) **par crainte de + 不定法**：「〜することを恐れて／〜しないかと心配して」。371) **au complet**：「全員揃って」。372) **..., quoi**：「つまり〜ということだ」。373) **à défaut de ...**：「〜がない代わりに」。374) **Qu'on le veuille ou non**：「望むが望

レのシャープ君とミのフラットさん

だった。私が手を取ると、あの子が言った。

「怖いわ！」

「僕もだ！」とは答えなかった。よけいに怯えさせて
しまうかもしれなかったからね。そして、ついに全員が
揃った。自分の音を持っている者がすべて、つまりは半
音階が完全に、とでもいおうか！

だけど、オルガン奏者はなにを企んでいるのだろう。
幼子の声の装置の代わりに、聖歌隊の子どもを音栓にし
てしまおうとでもいうのだろうか。

それを望むも望むまいも、この妖しい人物には従うよ
りほかない。指揮者の指先で微かに震える指揮棒に、楽
団員が従うように。教会の側面の戸口はそこだ。私たち
は二人ずつ、くぐっていった。冷たく、暗く、無音の身
廊にはまだ誰もいない。師は、父と母は教会で待ってい
ると言っていたのに！　私はそのことを問い質す、思い

むまいが」。この que 節は soit que という接続詞句に相当
し、節中の動詞は接続法になる。375) **deux à deux**：「二人
ずつ」。376) **Personne encore dans la nef**：personne の前
に il n'y a が省略されている。

M. RÉ-DIÈZE ET MLLE MI-BÉMOL

l'interroge, j'ose l'interroger.

« Tais-toi, *Ré-dièze*, me répond-il, et aide la petite *Mi-bémol* à monter. »

C'est ce que je fis. Nous voici tous engagés[377] dans l'étroite vis et nous arrivons au palier de la tribune. Soudain, elle s'illumine. Le clavier de l'orgue est ouvert, le souffleur est à son poste, on dirait que c'est lui qui est gonflé de tout le vent de la soufflerie, tant[378] il paraît énorme !

Sur un signe de maître Effarane, nous nous rangeons en ordre. Il tend le bras ; le buffet de l'orgue s'ouvre, puis se referme sur nous...

Tous les seize, nous sommes enfermés dans les tuyaux du grand jeu, chacun séparément, mais voisins les uns des autres. Betty se trouve dans le quatrième en sa qualité de *mi bémol*, et moi dans le cinquième en ma qualité de *ré dièze !* J'avais donc deviné la pensée de maître Effarane. Pas de doute possible. N'ayant pu ajuster[379] son appareil, c'est avec les enfants de la maîtrise qu'il a composé le registre des voix en-

---

377) **人称代名詞＋voilà/voici＋分詞**：「そして／ついに～は～する」→（168）。s'engager dans … で「～に入る／踏みこむ」の意。378) **…, tant …**：「～だ。それほどまでに～であ

— 132 —

レのシャープ君とミのフラットさん

きって問い質す。すると師は答える。

「黙れ、レのシャープ。ミのフラットが高壇に昇るのを手伝ってやれ」

私はそうした。今や全員が狭い螺旋階段に入り、高壇の踊り場にたどり着く。突然、明かりが灯った。パイプオルガンの鍵盤は開いていて、ふいご人夫は位置についている。この男自身がふいごの風で膨れたかのように、それほど巨体に見える！

エッファラーネ師の合図で私たちは順番に並ぶ。師が腕をあげる。と、パイプオルガンの外箱が開き、私たちの頭上で閉じる……。

こうして16人全員が、大きな音栓の管のなかに閉じこめられた。それぞれ別の管に、だけどお互い隣り合って。ミのフラットのベッティは4番目に、レのシャープの私は5番目に！　エッファラーネ師の考えは私の思っていたとおりだった。疑いの余地はない。装置の組みこみに失敗した師は、聖歌隊の子どもで幼子の声の音栓をつくったのだ。風が管の口を通ってきたら、めいめいが自分の音を出す！　鍵盤の鍵に応じて作動するのは猫で

る」。379）**N'ayant pu ajuster**：強調構文中の il にかかっている。また、ここでは完了の意を示すため動詞 pouvoir が複合形になっている。

fantines, et quand le souffle nous arrivera par la bouche des tuyaux, chacun donnera sa note ! Ce ne sont pas des chats, c'est moi, c'est Betty, ce sont tous nos camarades qui[380]) vont être action-
5 nés par les touches du clavier !

« Betty, tu es là ? me suis-je écrié.

— Oui, Joseph.

— N'aie pas peur, je suis près de toi.

— Silence ! » cria la voix de Maître Effarane.
10 Et l'on se tut.

---

380) **ce sont tous nos camarades qui ...** : c'est … qui／que … の強調構文では、強調される名詞（ここでは tous nos camarades）が複数でも c'est のままであることが多いが、ここでは ce sont が用いられている。

レのシャープ君とミのフラットさん

はなく、私なのだ、ベッティなのだ、学校の仲間全員なのだ！　私は声を張りあげた。
「ベッティ、そこにいる？」
「ええ、ヨーセフ」
「怖くはないよ、僕がそばにいるから」
「黙れ！」エッファラーネ師の怒鳴り声がした。
そして私たちは口を閉ざした。

着替えよ……（127 ページ）

IX

Cependant l'église s'est à peu près remplie. À travers la fente en sifflet[381] de mon tuyau, je pus voir la foule des fidèles se répandre à travers la nef, brillamment illuminée maintenant. Et ces familles qui ne savent pas que seize de leurs enfants sont emprisonnés dans cet orgue ! J'entendais distinctement le bruit des pas sur le pavé de la nef, le choc des chaises, le cliquetis des souliers et aussi des socques, avec cette sonorité particulière aux églises. Les fidèles prenaient leur place pour la messe de minuit, et la cloche tintait toujours.

« Tu es là ? demandai-je encore à Betty.

— Oui, Joseph, me répondit une petite voix tremblante.

— N'aie pas peur... n'aie pas peur, Betty !.. Nous ne sommes ici que pour l'office... Après on nous relâchera. »

---

381) **en sifflet** :「斜めの」。sifflet（m. 笛）の口の形状から。

— 136 —

9

　そのあいだに教会は人でほとんど埋まっていた。今や
煌々と照らされている身廊を通って、信徒の群れが散ら
ばっていくのが、私の管の、呼び子の先のような裂け目
から見えた。家族たちは、自分たちの子ども 16 人がパ
イプオルガンのなかに囚われていることを知らない！
身廊の敷石を踏む音、椅子がぶつかる音、短靴や木靴の
こすれる音が、教会特有の響きとともにはっきりと聞こ
えてきた。信徒たちは夜半のミサの席につき、鐘は鳴り
続けていた。私は今一度、ベッティに尋ねた。
　「そこにいる？」
　「ええ、ヨーセフ」そう答える小さな声が震えていた。
　「怖くはないよ……怖くはないからね、ベッティ！
ここにいるのは礼拝のためで……終われば出してもらえ
るからね！」

M. RÉ-DIÈZE ET MLLE MI-BÉMOL

Au fond[382], je pensais qu'il n'en serait rien[383]. Jamais maître Effarane ne donnerait la volée à ces oiseaux en cage, et sa puissance diabolique saurait nous y retenir longtemps... Toujours 5 peut-être !

Enfin, la sonnette du chœur[384] retentit. M. le Curé et ses deux assistants arrivent devant les marches de l'autel. La cérémonie va commencer.

Mais comment nos parents ne s'étaient-ils pas 10 inquiétés de nous ? J'apercevais mon père et ma mère à leur place, tranquilles. — Tranquilles aussi M. et Mme Clère. — Tranquilles les familles de nos camarades. C'était inexplicable.

Or, je réfléchissais à cela, lorsqu'un tourbillon 15 passa à travers le buffet de l'orgue. Tous les tuyaux frémirent comme une forêt sous une ra- fale. Le soufflet fonctionnait à pleins poumons[385].

Maître Effarane venait de débuter en atten- dant l'*Introït*[386]. Les grands jeux, même le péda- 20 lier[387], donnaient[388] avec des roulements de ton-

---

382) **au fond**：「実際には」。383) **il en est rien**：「事情が違う／そうではない」→（254）。384) **la sonnette du chœur**：「（教会の）内陣にある小鈴」。385) **à pleins poumons**：「肺いっぱいに息を吸って」。ふいごを、人の肺に喩えている。

— 138 —

レのシャープ君とミのフラットさん

でも実際は、そうはなるまいと私は思っていた。エッファラーネ師は籠のなかの鳥を決して飛び立たせたりはしまい。悪魔の力で私たちをずっとここに留めておくつもりなのだろう……あるいは永久に！

とうとう内陣の小鈴が鳴り響いた。司祭さまと二人の助手が祭壇に通じる段の前にやって来る。儀式がはじまる。

だけど親たちが私たちのことを心配していないのはどうしたことだろう。席についている父と母が見えたけれど、平然としているんだ——それはクレーレさん夫妻も同じだった——学校の仲間の家族たちも。これは説明がつかなかった。

このことに頭を悩ませていると、パイプオルガンの外箱を一陣の風が通り抜けていった。突風を受け、管全体が森のようにざわめく。ふいごが、大きく息を吹きこんだんだ。

入祭唱に先だってエッファラーネ師の演奏がはじまっていた。太い音栓が、そしてペダル鍵盤もまた、雷鳴のような轟音とともに音を放っている。師は 32 フィート管のブルドンを低音部に使って最後の和音を押さえ、見

---

386) **Introït**：「m. 入祭唱（イントロイトゥス）」。ミサのはじめに唱えられるか歌われる。387) **pédalier**：「m.（パイプオルガンの）ペダル鍵盤」。388) **donner**：「（音などを）出す」。自動詞としての用法。

— 139 —

M. RÉ-DIÈZE ET MLLE MI-BÉMOL

nerre. Cela se termina par un formidable accord final, appuyé sur la basse des bourdons de trente-deux-pieds. Puis, M. le Curé entonna l'*Introït : Dominus dixit ad me : Filius meus es tu* [389]. Et, au *Gloria* [390], nouvelle attaque de maître Effarane avec le registre éclatant des trompettes[391].

J'épiais, épouvanté, le moment où les bourrasques de la soufflerie s'introduiraient dans nos tuyaux ; mais l'organiste nous réservait sans doute pour le milieu de l'office...

Après l'Oraison[392], vient l'Épître[393]. Après l'Épître, le Graduel[394] terminé par deux superbes *Alleluia* [395] avec accompagnement des grands jeux.

Et alors, l'orgue s'était tu pour un certain laps de temps, pendant l'Évangile[396] et le Prône[397], dans lequel M. le Curé félicite l'organiste

---

389) ***Dominus dixit ad me : Filius meus es tu***：ラテン語。クリスマスのミサをはじめ、入祭唱でよく歌われる曲で、その出だしの一節。旧約聖書の「詩編」より。390) **Gloria**：「m. 栄光頌（グローリア）」。ミサ曲のひとつ。391) **trompette**：「f. トランペット」。音栓のひとつ → (208)。392) **Oraison**：「f. 集会祈願」。グローリアのあとにおこなわ

— 140 —

レのシャープ君とミのフラットさん

事に曲をしめくくる。すると司祭さまが入祭唱^{イントロイトゥス}を口ずさんだ、「主ハ我ニ言エリ。オマエハ我ガ子ナリ」と。栄光頌^{グローリア}に入るとエッファラーネ師は、けたたましいトランペットの音栓を使って新たな一撃を加えた。

　私は、ふいごからの突風が私たちのいる管に入ってくる瞬間を怖々とうかがっていた。だけどオルガン奏者は、私たちの出番を礼拝の中盤までとっておくつもりのようだった……。

　集会祈願のあとは使徒書簡の朗読。使徒書簡の朗読のあとは昇階唱^{グラドゥアーレ}で、それは太い音栓の伴奏による壮大な二度の主ヲ讃エヨ^{アレルヤ}でしめくくられた。

　そして福音書の朗読と説教のあいだ、パイプオルガンはしばし沈黙した。説教のなかで司祭さまは、カルフェ

れる主への祈り。393) **Epître**：「f. 使徒書の朗読」。集会祈願のあとにおこなわれる。394) **Graduel**：「m. 昇階唱（グラドゥアーレ）」。使徒書簡の朗読のあとに歌われる。395) **Alleluia**：「m. 主を讃えよ（アレルヤ）」。昇階唱のあとに歌われる。396) **Évangile**：「m. 福音」。司祭による福音書の朗読。397) **Prône**：「m. 説教」。司祭による説教。

M. RÉ-DIÈZE ET MLLE MI-BÉMOL

d'[398) avoir rendu à l'église de Kalfermatt ses voix éteintes...

Ah ! si j'avais pu crier, envoyer mon *ré dièze* par la fente du tuyau ![399)]..

5 On est à l'Offertoire[400). Sur ces paroles : *Lœtentur cœli, et exultet terra ante faciem Domini quoniam venit*[401), admirable prélude de maître Effarane avec le jeu des prestants de flûte mariés aux doublettes[402). C'était magnifique, il faut 10 en convenir[403). Sous ses harmonies d'un charme inexprimable, les cieux sont en joie, et il semble que[404) les chœurs célestes chantent la gloire de l'enfant divin.

Cela dure cinq minutes, qui me paraissent 15 cinq siècles, car je pressentais que le tour des voix enfantines allait venir au moment de l'Élé-

---

398) **féliciter A de B** :「B のことで A を称賛する」。399) **si + 直説法（半過去）!** : si の独立節で願望の表現→（292）。400) **Offertoire** :「m. 奉献唱（オッフェルトリウム）」。聖体奉挙（後述）の儀で歌われる。401) *Lœtentur cœli, et exultet terra ante faciem Domini quoniam venit* : ラテン語。奉献唱の一節。旧約聖書の「詩編」より。ただしミサによって曲は変わる（入祭唱、昇階唱、アレルヤも同様）。402) **le jeu des prestants de flûte** : このフルートがなにを

— 142 —

レのシャープ君とミのフラットさん

ルマットの教会に、かねて絶えていた声をとり戻してくれたとしてオルガン奏者を讃えた……。

ああ！　もしも叫び声をあげることができたならば、管の隙間から私のレのシャープを放つことができたならば！

奉献唱に入った。「天ハ喜ビ、地ハ浮カレル、主ノ御前ニテ、主ガ来ラレタユエ」の言葉に合わせ、エッファラーネ師は、ドゥブレットと、フルートのプレスタンの音栓を組み合わせてすばらしい前奏曲を弾いた。まこと見事な演奏で、それは認めざるをえない。ハーモニーはえもいわれぬ魅力を放ち、そのもとで天は喜び、天使の合唱団が神の御子の栄光を歌っているかのようだった。

曲が続いていたのは5分ほどだったけれど、私には5世紀にも思えた。というのも聖体奉挙のときに幼子の声

指すのか定かでない。フルート系（やわらかい音を出す）のプレスタン、ないしはフルートをフルーパイプ→（214）の意で用いているか。403) **convenir de ...** :「〜を事実として認める」。404) **il semble que＋接続法／直説法** :「〜のようだ」。il は非人称。肯定の場合、que 節内の動詞は接続法になるが、que 節で述べることの確実性が高い場合には直説法も用いられる。この chantent は直説法でも接続法でも活用が同型のため判別が難しいが、文脈から接続法と思われる。

M. RÉ-DIÈZE ET MLLE MI-BÉMOL

vation[405], pour laquelle les grands artistes réservent les plus sublimes improvisations de leur génie...

En vérité, je suis plus mort que vif. Il me
5 semble que[406] jamais une note ne pourra sortir de ma gorge desséchée par les affres de l'attente. Mais je comptais sans[407] le souffle irrésistible qui me gonflerait, lorsque la touche qui me commandait fléchirait sous le doigt de l'organiste.

10 Enfin, elle arriva, cette élévation redoutée. La sonnette fait entendre ses tintements aigrelets. Un silence de recueillement général[408] règne dans la nef. Les fronts se courbent, tandis que les deux assistants soulèvent la chasuble[409] de
15 M. le Curé...

Eh bien, quoique[410] je fusse un enfant pieux, je ne suis pas recueilli, moi ! Je ne songe qu'à la tempête qui va se déchaîner sous mes pieds ! Et alors, à mi-voix, pour n'être entendu que

---

405) **Élévation** :「f. 聖体奉挙」。ミサのクライマックスであり、聖変化した（キリストの体と血になった）パンとワインを納める儀式。406) **Il me semble que + 直説法** :「～のように思える」。il は非人称。肯定の場合、que 節中の動詞は直説法（ここでは直説法未来）になる。先の Il semble que + 接続法との違いに注意→（404）。407) **compter sans ...** :「～

— 144 —

レのシャープ君とミのフラットさん

の番が回ってくるという予感があったからね。偉大な演奏家たちは、己の才能の粋を集めた即興演奏をそのときのためにとっておくものだから……。

　本当に生きた心地がしなかった。喉は、待ちの苦悶に乾ききり、1音も出せそうになかった。とはいえ私は風のことを考えていなかった。オルガン奏者の指が鍵盤を傾け、私に命令を出したなら、風は有無をいわせず私を膨らませるだろう。

　それはついにやって来た、恐れていた奉挙が。小鈴の音がキンと響いた。参列者の祈りに身廊は静まりかえる。皆が頭を垂れるなか、二人の助手が司祭さまのカズラを持ちあげる……。

　いやはや、敬虔な子どもだった私が、このときばかりはお祈りどころじゃなかった、この私が！　足元でやがて吹き荒れる嵐のことばかり考えていた！　そのとき、ベッティにだけ聞こえるような小声で私は言った。

を考慮にいれない」。反対語は compter avec ... で「～を考慮に入れる」の意。408) **Un silence de recueillement général** :「（教会にいる）全員の祈りによる沈黙」。409) **chasuble** :「f. カズラ」。司祭がミサで着用する袖無しの外衣。410) **quoique＋接続法** :「～であろうとも」→ （47）。

M. RÉ-DIÈZE ET MLLE MI-BÉMOL

d'elle[411] :

« Betty ? dis-je.

— Que veux-tu, Joseph ?

— Prends garde, ça va être à nous[412] !

5 — Ah ! Jésus Marie ! » s'écrie la pauvre petite.

Je ne me suis pas trompé. Un bruit sec retentit. C'est le bruit de la règle mobile qui distribue
l'entrée du vent dans le sommier auquel aboutit
10 le jeu des voix enfantines. Une mélodie, douce
et pénétrante, s'envole sous les voûtes de l'église,
au moment où s'accomplit le divin mystère[413].
J'entends le *sol* de Hoct, le *la* de Farina ; puis
c'est le *mi bémol* de ma chère voisine, puis un
15 souffle gonfla ma poitrine, un souffle doucement
ménagé, qui emporte le *ré dièze* à travers mes
lèvres. On voudrait se taire, on ne le[414] pourrait.
Je ne suis plus qu'un instrument dans la main
de l'organiste. La touche qu'il presse sur son cla-
20 vier, c'est comme une valve de mon cœur qui

---

411) **pour + 不定法**：「～のために（目的）」。ここは受け身の
不定法であり、さらに ne … que … の構文になっている→
(40)。412) **c'est à …** :「～の番だ」→ (48)。ここはその近
未来。ce のあとには être, pouvoir être, devoir être しか置

— 146 —

レのシャープ君とミのフラットさん

「ベッティ？」

「なに、ヨーセフ？」

「気をつけて、僕たちの番になるから！」

「ああ！　イエスさまマリアさま！」少女は声を張りあげた。

　私は間違っていなかった。シュッという音が響いた。幼子の音栓が足をつけていた風箱にスライダーが風穴を配した音だった。神の秘儀がなされた瞬間、甘く染みわたるような旋律が、教会の丸天井に立ち昇った。ホークトのソ、ファリーナのラが聞こえた。続いて、隣にいる愛しい少女のミのフラット、そして風が私の肺を膨らませた。優しく送りこまれる風、それが私の唇を通してレのシャープを運び去る。声など出したくないのに抑えられない。私はもはやオルガン奏者の手のうちにある楽器でしかなかった。鍵盤の鍵は私の心臓弁で、エッファラーネ師が押せばぱっと開きそうだった……。

けないため ça が用いられている。413) **le divin mystère**：「神の秘儀」。ここでは聖変化（→ 405）のこと。414) **le** = se taire. 中性代名詞の le はこのように不定法の代わりにもなる→（51），（64）。

— 147 —

M. RÉ-DIÈZE ET MLLE MI-BÉMOL

s'entr'ouvre…

Ah ! que cela est déchirant ![415)] Non ! s'il continue ainsi, ce qui sort de nous, ce ne sera plus des notes, ce seront des cris, des cris de
5 douleur !.. Et comment peindre[416)] la torture que j'éprouve, lorsque maître Effarane plaque d'une main terrible un accord de septième diminué[417)] dans lequel j'occupais la seconde place, *ut naturel, ré dièze, fa dièze, la naturel !* …
10 Et comme le cruel, l'implacable artiste le[418)] prolonge interminablement, une syncope[419)] me saisit, je me sens mourir, et je perds connaissance…

Ce qui fait que[420)] cette fameuse septième di-
15 minuée, n'ayant plus son *ré dièze*, ne peut être résolue[421)] suivant les règles de l'harmonie…

---

415) **que＋直説法！**：「なんて〜なんだ！」。感嘆表現→（91）。
416) **comment＋不定法！**：「どう〜だろう！」。417) **un ac-cord de septième diminuée**：「減7度の和音（ディミニッシュセヴンス）」。この先の記述にあるとおり、ドからはじめると「ド、レのシャープ、ファのシャープ、ラ」で構成される和音。418) **le** = l'accord de septième diminuée. 419) **syn-cope**：「m.（心臓の不調が原因の）気絶」。また心拍の不規則

— 148 —

レのシャープ君とミのフラットさん

　ああ！　胸がひき裂かれそうだ！　いやだ！　師がそのまま続けたら、私たちが発するのは、それはもう音階なんかじゃない。それは、わめき声だ。わめき苦しむ声だ！　エッファラーネ師があの恐ろしい手で減 7 度^{ディミニッシュセヴンス}の和音を、つまり私が二番目を担うド、レのシャープ、ファのシャープ、ラを押さえたときに私が感じた責め苦は筆舌に尽くしがたい！

　そして奏者は、その和音を残忍にも、容赦なく、いつ終わるともなくひき延ばすので、私は心臓が止まりそうになり、もう死ぬのだと思い、気を失って……。

　こうしてレのシャープが欠けてしまったら、減 7 度^{ディミニッシュセヴンス}の和音はハーモニーの規則に鑑みるに、解決がされないはずだ……。

さから転じて、音楽用語では「シンコペーション」の意。音楽にちなんだ語をヴェルヌが故意に用いた可能性もある。420）**ce qui fait que ...** :「そのため〜となる」。421）**ne peut être résolue** :「（減 7 度の和音が）解決されない」。この ré-soudre は不協和音の不安定感が解消されることを指す音楽用語。

X

« ... Eh bien, qu'as-tu donc ? [422] me dit mon
père.

— Moi... je...

— Allons, réveille-toi, c'est l'heure d'aller à
l'église...

— L'heure ?..

— Oui... hors du lit, où tu manqueras la
messe, et, tu sais, pas de messe, pas de réveillon
!.. »

Où étais-je ? Que s'était-il passé ? Est-ce que
tout cela n'était qu'un rêve... l'emprisonnement
dans les tuyaux de l'orgue, le morceau de l'Élévation, mon cœur se brisant, mon gosier ne pouvant plus donner son *ré dièze* ?.. Oui, mes enfants, depuis le moment où je m'étais endormi
jusqu'au moment où mon père venait de me réveiller, j'avais rêvé tout cela, grâce à mon imagination surexcitée outre mesure.

« Maître Effarane ? demandai-je.

---

422) **qu'as-tu donc ?** :「どうしたんだ？」→ (233)。

10

「……おいおい、いったいどうしたんだ？」と父。

「僕……僕は……」

「さあ、起きるんだ、教会に行く時間だぞ……」

「時間？」

「そうだ……ベッドから出るんだ、そこにいちゃ、ミサに出られないだろう。わかってるだろうが、ミサに行かなけりゃ、イヴもお預けだ！」

　私はどこにいたのだろう？　なにが起こったんだ？なにもかもがただの夢だったのか……。パイプオルガンの管に囚われたこと、聖体奉挙の曲、破裂しそうな心臓、レのシャープが出せなくなった喉……。そうなんだよ、お前たち、眠りについてから父に起こされるまで、私は夢を見ていたんだ。あのすべてを、度を越して掻きたてられた想像力のせいでね。私は尋ねた。

「エッファラーネ師は？」

M. RÉ-DIÈZE ET MLLE MI-BÉMOL

— Maître Effarane est à l'église, répondit mon père. Ta mère s'y trouve déjà... Voyons, t'habilleras-tu ? »

Je m'habillai, comme si[423] j'avais été ivre, entendant toujours cette septième diminuée, torturante et interminable...

J'arrivai à l'église. Je vis tout le monde à sa place habituelle, ma mère, M. et Mme Clère, ma chère petite Betty, bien emmitouflée, car il faisait très froid. La cloche bourdonnait encore derrière les abat-sons du clocher, et je pus en[424] entendre les dernières volées.

M. le Curé, vêtu de ses ornements des grandes fêtes, arriva devant l'autel, attendant que l'orgue fit retentir une marche triomphale[425].

Quelle surprise ! au lieu de lancer les majestueux accords qui doivent précéder l'*Introït*, l'orgue se taisait. Rien ! Pas une note ![426]

Le bedeau monta jusqu'à la tribune... Maître Effarane n'était pas là. On le chercha. Vainement. Disparu, l'organiste. Disparu, le souffleur.

---

423) **comme si + 半過去／大過去**:「まるで～の／だったように」。424) **en** = de la cloche で les dernières volées にかかる。425) **l'orgue fit retentir une marche triomphale** : une

— 152 —

レのシャープ君とミのフラットさん

「エッファラーネ師なら教会だ。母さんももう行っている……さあ、着替えるか？」父が答えた。

私は着替えた。まるで酔っ払ってでもいたかのように、そして責め苦のような、いつ終わるともなく続く減　7　度をまだ耳にしながら……。

教会に着いた。皆はいつもの席についていた。母、クレーレさん夫妻が、そして、とても厚着をしている、私のかわいいベッティが。なぜならとても寒かったんだ。鐘楼の庇のしたでは鐘がまだ鈍い音を響かせていて、その最後の連打が聞こえてきた。

司祭さまは、大事な祝典用に装飾された祭服を召しておられた。祭壇の前に来ると、そこでパイプオルガンが凱旋行進曲を響かせるのを待った。

しかし驚いた！　パイプオルガンは、入祭唱に先だつ華麗な和音を放つことなく沈黙していた。完全に！　音ひとつ出さず！

教会番が高壇にあがった……。エッファラーネ師はそこにいなかった。師を探した。無駄だった。姿をくらませていたんだ、あのオルガン奏者は。姿をくらませていたんだ、あのふいご人夫は。おそらくは、幼子の音栓をパイプオルガンに組みこめなかったことに怒り狂い、教

---

marche triomphale は retentir の意味上の主語。使役の文で faire に続く動詞が自動詞の場合、このような構文になる。
426) **Pas une note !**：「1 音たりとも！」→（262）。

M. RÉ-DIÈZE ET MLLE MI-BÉMOL

Furieux sans doute de[427] n'avoir pu réussir à installer son jeu de voix enfantines, il avait quitté l'église, puis la bourgade, sans réclamer son dû[428], et, de fait, on ne le vit jamais reparaître à Kalfermatt.

Je n'en fus pas fâché[429], je l'avoue, mes enfants, car, dans la compagnie de[430] cet étrange personnage, loin d'[431] en être quitte pour[432] un rêve, je serais devenu fou à mettre[433] dans un cabanon[434] !

Et, s'il était devenu fou, M. *Ré-dièze* n'aurait pu, dix ans plus tard, épouser Mlle *Mi-bémol*[435], — mariage béni du ciel, s'il en fût[436]. Ce qui[437] prouve que malgré la différence d'un huitième de ton, d'un « comma », ainsi que[438] disait maître Effarane, on peut tout de même[439] être heureux en ménage[440].

---

427) **furieux de ...** :「〜に怒る」。ここでは「失敗した」という完了の意味を示すため、pouvoir が複合形になっている → （167）。428) **son dû** :「支払われるべきもの」。つまり修理の報酬。429) **ne pas être fâché de ...** :「（〜が残念ではない＝）〜を密かに喜ぶ」。ここで de 以下は前文の内容を受け、en となって前置している。430) **dans la compagnie de ...** :「〜と一緒に」。431) **loin de＋不定法** :「〜どころではなく」。432) **en être quitte pour ...** :「〜だけで済む」。433) **... à＋不定法** :「〜すべき〜」→ （285）。434) **cabanon** :「m.（精

レのシャープ君とミのフラットさん

会を、そして村を去っていったんだ。報酬も要求せずに
ね。そして実際、カルフェルマットに二度と姿を見せる
ことはなかった。

お前たち、正直言って、それはありがたいことだった
よ。なぜって、あの風変わりな人物と一緒にいたら、今
度は夢では済まなかっただろうからね。それどころか独
房送りになるほど私は頭がおかしくなっていたかもしれ
ない！

そして、そうなっていたら、レのシャープは10年後、
ミのフラットを娶ることもなかっただろう——それは天
の祝福を受けた結婚だった、このうえなくね。それでわ
かるだろう、8分音の、あるいはエッファラーネ師言う
ところの「コンマ」の違いがあっても、夫婦は円満に暮
らせるってことがね。

神科の病院の）独房」。435）**s'il était devenu fou, M. _Ré-
dièze_ n'aurait pu [...] épouser Mlle _Mi-bémol_** : 過去の事実
に反する仮定とその帰結文の典型的な例→（78）。436）**s'il
en fût** :「このうえない」。437）**ce qui ...** :「それは～である
ことを（証明する）」。この指示代名詞 ce は直前の文を指す
→（271）。438）**ainsi que ...** :「～のように」→（156）。439）
tout de même :「にもかかわらず／それでも」。440）**en ménage** :「家庭で／結婚生活で」。

目録進呈 落丁本・乱丁本はお取替えいたします。

平成29年5月30日　Ⓒ第 1 版発行

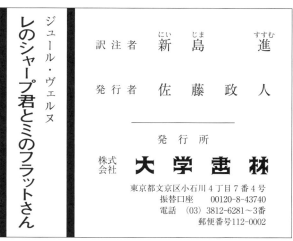

ジュール・ヴェルヌ
レのシャープ君とミのフラットさん

訳注者　新　島　　　進
　　　　　にいじま　　すすむ

発行者　佐　藤　政　人

発　行　所
株式会社　**大 学 書 林**
東京都文京区小石川 4 丁目 7 番 4 号
振替口座　　00120-8-43740
電話　（03）3812-6281〜3番
郵便番号112-0002

ISBN978-4-475-02107-4　　　　　横山印刷／常川製本

～大 学 書 林～
フランス語参考書

調 佳智雄著	超入門フランス語	Ａ５判	160 頁
伊 東 英編	カナ発音仏和小辞典	ポケット判	768 頁
出 水 慈 子編	フランス語会話練習帳	新書判	168 頁
出 水 慈 子著	ビジネスマンのフランス語	Ｂ６判	216 頁
山田原 実著 島田 実	新しい仏文解釈法	Ｂ６判	320 頁
島 田 実著	やさしい仏文解釈	Ｂ６判	128 頁
市 川 慎 一著	コミュニケーションの仏作文 ―基礎編―	Ｂ６判	112 頁
市 川 慎 一著	コミュニケーションの仏作文 ―中級編―	Ｂ６判	136 頁
伊東 英 訳注 調佳智雄	モーパッサン短篇集Ⅰ	Ｂ６判	208 頁
伊東 英 訳注 調佳智雄	モーパッサン短篇集Ⅱ	Ｂ６判	208 頁
但 田 栄訳注	アポリネールのコント	Ｂ６判	228 頁
吉 田 郁子訳注	セヴィニェ夫人の手紙	Ｂ６判	164 頁
ピエール・コルネイユ 鈴 木 暁訳注	ル ・ シ ッ ド	Ｂ６判	176 頁
調佳智雄 訳注 原 潔	仏―独(ティーク, ベガン) 金 髪 の エ ク ベ ル ト	Ｂ６判	174 頁
調佳智雄 訳注 直野洋子	仏―露(プーシキン, メリメ) ス ペ ー ド の 女 王	Ｂ６判	232 頁
佐竹龍照 訳注 内田英一	英―仏(ゴーティエ, ハーン) ク ラ リ モ ン ド	Ｂ６判	256 頁
佐竹龍照 訳注 内田英一	英―仏(ワイルド, ダグラス) サ ロ メ	Ｂ６判	224 頁

― 目 録 進 呈 ―

〜大学書林〜
〜フランス語参考書〜

島岡　茂著	フランス語統辞論	Ａ５判	912 頁
調佳智雄著 ジャン・マリ・ルールム	フランス語ことわざ用法辞典	Ｂ６判	382 頁
調佳智雄編 加藤雅郁	フランス語分類単語集	新書判	280 頁
島岡　茂著	フランス語の歴史	Ｂ６判	192 頁
島岡　茂著	古フランス語文法	Ｂ６判	240 頁
島岡　茂著	続・フランス文法の背景	Ｂ６判	248 頁
島岡　茂著	古プロヴァンス語文法	Ｂ６判	168 頁
島岡　茂著	英仏比較文法	Ｂ６判	264 頁
佐佐木茂美訳注	聖杯の物語	Ｂ６判	168 頁
佐佐木茂美訳注	薔薇の物語	Ｂ６判	152 頁
瀬戸直彦編著	トルバドゥール詞華集	Ａ５判	376 頁
工藤　進著	南仏と南仏語の話	Ｂ６判	168 頁
多田和子著	現代オック語文法	Ａ５判	296 頁
佐野直子編	オック語分類単語集	新書判	376 頁
多田和子編	オック語会話練習帳 〈ラングドシヤン〉	新書判	168 頁
多田和子編	ガスコン語会話練習帳	新書判	192 頁
工藤　進著	ガスコーニュ語への旅	Ｂ６判	210 頁

－目録進呈－

大 学 書 林
フランス語訳注書

ジャン・ジャック・ルソー作 但田　栄訳注	エ ミ ー ル	新書判	176 頁
ジャン・ジャック・ルソー作 但田　栄訳注	孤独な散歩者の夢想	新書判	154 頁
モーパッサン作 小泉清明訳注	首 飾 り	新書判	128 頁
ドーデー作 島岡　茂訳注	風 車 小 屋 だ よ り	新書判	108 頁
アポリネール作 望月芳郎訳注	アポリネールの詩と短篇小説	新書判	128 頁
モーパッサン作 大塚幸男訳注	女 の 一 生	新書判	80 頁
スタンダール作 島田　実訳注	恋 愛 論	新書判	104 頁
バルザック作 石田友夫訳注	フ ァ チ ノ・カ ー ネ	新書判	136 頁
ワイルド作 望月一雄訳注	サ ロ メ	新書判	112 頁
アポリネール作 赤木富美子訳注	アポリネール短篇傑作集	新書判	112 頁
モリエール作 秋山伸子訳注	守 銭 奴	新書判	208 頁
アラン・フルニエ作 榊原直文訳注	モ ー ヌ の 大 将	新書判	214 頁
シャトーブリアン作 滝野ゆり子訳注	ル ネ	新書判	158 頁
ジョルジュ・サンド作 金山富美訳注	愛 の 妖 精	新書判	152 頁
エミール・ゾラ作 吉田典子訳注	居 酒 屋	新書判	192 頁
ボードレール作 松井美知子訳注	パ リ の 憂 鬱	新書判	136 頁
ジェラール・ド・ネルヴァル作 坂口哲啓訳注	シ ル ヴ ィ	新書判	180 頁

－目録進呈－